MICHAEL BRAND

MENSCHEN.RECHT.

„

DIESES BUCH IST GEWIDMET ALL JENEN,

DIE SICH UM DIE RECHTE DER MENSCHEN MÜHEN

UND NIE AUFGEBEN.

MICHAEL BRAND

MENSCHEN.RECHT.

parzellers
BUCHVERLAG

AUTOR

MICHAEL BRAND ist seit 2005 Abgeordneter im Deutschen Bundestag. Er ist seit vielen Jahren im Thema Menschenrechte engagiert. So trug er nach dem Genozid in Bosnien-Herzegowina dazu bei, Fakten und Daten über die Gräueltaten zu dokumentieren, damit Opfer nicht vergessen und die Täter zur Rechenschaft gezogen werden. Im Bundestag übernahm der Fuldaer Abgeordnete den Vorsitz im Ausschuss für Menschenrechte und Humanitäre Hilfe, ist heute Sprecher der CDU/CSU in diesem Bereich. Brand verfügt national und international im Bereich der Menschenrechte und Humanitären Hilfe über vielfältige Erfahrung im Umgang mit Bedrohung wie mit Verteidigung von Menschenrechten.

IMPRESSUM MENSCHEN.RECHT.

VERLAG
ISBN 978-3-7900-0545-5

FOTONACHWEIS
Foto Dalai Lama und Leinwände | Christian Reinhardt
Foto Nadia Murad | Ai Weiwei | picture alliance/REUTERS
Foto Wolfgang Niedecken | picture alliance/dpa
Foto Can Dündar | Deutscher Bundestag, Achim Melde
Foto UN-Generalversammlung| Getty Images, Stringer
Foto Walter Lübcke | Norbert Hettler
LEICHTE SPRACHE
NachrichtenWerk für Leichte Sprache | Fulda
KONZEPT & GESTALTUNG
antonius – Netzwerk Mensch | Fulda
SCHOENE AUSSICHT Ideenagentur | Fulda
DRUCK UND VERARBEITUNG
Rindt-Druck | Fulda

HUMAN
RIGHTS

ERKLÄRUNGEN ZU MENSCHEN UND RECHTEN

Eines der wertvollsten Dokumente der Menschheit feiert am 10. Dezember seinen 70. Geburtstag: die Allgemeine Erklärung der Menschenrechte, verabschiedet 1948 von den Vereinten Nationen.

Im Artikel 1 dieser Erklärung heißt es:

ALLE MENSCHEN SIND FREI UND GLEICH AN WÜRDE UND RECHTEN GEBOREN.

In unserer Verfassung, dem Grundgesetz,
findet sich eine ähnliche Formulierung in Artikel 1:

DIE WÜRDE DES MENSCHEN IST UNANTASTBAR.

Das sind wunderbare Sätze. Es gleicht einem Wunder, dass sich die Welt nach so viel Krieg und Unterdrückung auf diese Leitidee festlegen konnte. Sie gilt weltweit, bis heute.

Seit inzwischen über 20 Jahren sind die Menschenrechte eines meiner zentralen politischen Themen. Mit Anfang 20 zog es mich auf den Balkan. Der Völkermord in Bosnien-Herzegowina und das lange Zuschauen Europas waren Antrieb für mein Engagement – für Opfer und Überlebende sowie die Suche nach politischen Lösungen. Mit dem Einzug in den Deutschen Bundestag übernahm ich auch im Parlament Verantwortung für das existentielle Thema Menschenrechte, national wie international.

Nach vielen, oft intensiven Begegnungen mit vielen besonderen Persönlichkeiten, Gruppen, mit mächtigen wie auch machtlosen Menschen kam zum 70. Jahrestag der Menschenrechtserklärung die Idee auf, ein Projekt in Buchform zu bringen, das sich über einige Jahre entwickelt hat.

In diesem Band finden sich nun 30 Leinwände abgedruckt, die stellvertretend für die 30 Artikel der Menschenrechtserklärung stehen. Menschen, die auf ihre eigene Art Eindruck und bleibende Spuren im Kampf für die Durchsetzung von Menschlichkeit und Rechten hinterlassen haben, egal ob prominent oder nicht, habe ich darum gebeten, in wenigen Worten auf eine Leinwand zu schreiben, woran sie spontan beim Stichwort „Menschenrechte" denken. Inzwischen sind einige Leinwände zusammengekommen, auf die vorab das universelle Logo für Menschenrechte aufgesprüht worden war – eine offene Hand in Form einer blauen Taube. Eine zusätzliche Leinwand erinnert an das besondere Leben meines Freundes Walter Lübcke, der die Rechte von Menschen verteidigt hat – und am 2. Juni 2019 heimtückisch ermordet wurde.

Als ich mit der Idee für ein besonderes Buch auf die tollen Leute von „antonius – Netzwerk Mensch" in Fulda zugegangen bin, die unter anderem bereits die Zeitung „Das Parlament" in Leichte Sprache umsetzen, ging es sehr schnell. Rasch war man sich einig, dass dies ein Projekt ist, das sich wegen des Themas, wegen der Menschen fast aufdrängt. Der Verlag Parzeller stand ebenfalls sofort bereit, dieses Buch mit seinem besonderen Zweck zu verlegen. Allen Beteiligten, die zur Realisierung beigetragen haben, gilt mein herzlicher Dank!

Ich wünsche allen, die dieses Buch in den Händen halten, dass beim Durchblättern die persönlichen Gedanken auf jeder Leinwand Wirkung entfalten und nachwirken. Zusätzlich finden sich auf den nächsten Seiten weitere Dokumente, Analysen und Positionen zum Thema Menschenrechte.

Das Buch und das Projekt haben ein klares und wichtiges Ziel. Die Menschenrechte, die heute weltweit wieder vermehrt unter Druck stehen, sind nicht automatisch stark. Sie müssen immer wieder durch unser aller Einsatz geschützt und gestärkt werden, damit es auch in Zukunft dabei bleibt:

DIE WÜRDE DES MENSCHEN IST UNANTASTBAR.

Michael Brand | Mitglied des Deutschen Bundestages

„

OHNE NEUES FEUER WIRD DIE FACKEL ERLÖSCHEN

Das westliche Konzept von Menschenrechten und offener Gesellschaft muss wieder stärker verteidigt werden, wenn es nicht unterliegen soll. Denn entfachen wir die Fackel der Menschenrechte und der Aufklärung nicht immer wieder neu, wird sie der autoritären Herausforderung nicht standhalten.

Wer Ideale wie freiheitliche Demokratie und Menschenrechte offensiv vertritt, der trifft auf Widerstand einer Minderheit, die lauter wird. Deren These lautet: Die Ära der offenen Gesellschaft und auch der europäischen Integration geht dem Ende entgegen – illiberale, autoritäre Konzepte sind stärker und auf dem Vormarsch. Autoritäre Konzepte treffen in einer Zeit von Unsicherheit, Globalisierung und Digitalisierung auf Zustimmung. Denn Abgrenzung und Abschottung sind Zuflucht für diejenigen, die auf Fragen und Ängste keine Antworten finden, die von Verfechtern der offenen Demokratie auch oft keine erhalten.

Nicht das Konzept der Demokratie ist das Problem, sondern mangelnde Kampfkraft erschlaffter Eliten. Es geht nicht um „Staatsversagen" oder romantische Ideale – es geht um ein Versagen der gewählten Eliten bei der Verteidigung der Demokratie. Das bedeutet Marathon, tägliche Herausforderung, und es ist nicht mit Selfies und oberflächlichen Antworten zu erledigen.

Europa war einst die Wiege der Aufklärung. Ohne Aufklärung keine Allgemeine Erklärung der Menschenrechte. Ohne Aufklärung keine liberale und offene Gesellschaft. Ohne offene Gesellschaft und Demokratie keine allgemeine Geltung der Menschenrechte. Wer die Mitgliedstaaten der Vereinten Nationen aufzählt, die tatsächlich die Allgemeine Erklärung der Menschenrechte, die in diesem Jahr erst 70 Jahre jung wird, in ihren Ländern achten, wird ernüchternde Zahlen zur Kenntnis nehmen müssen. Der Umgang des Westens mit Flüchtlingen und Migration, die Hinnahme schwerster Menschenrechtsverletzungen bei „strategischen Partnern" (Saudi-Arabien, China und andere) bieten den Regimen die Rechtfertigung für die Ausweitung ihrer Strategie. Das offene Infragestellen unbestrittener Normen der Menschenrechte, aktuell vor allem durch den amtierenden amerikanischen Präsidenten und seine populistische Gefolgschaft, machen die Lage nicht einfacher.

Das Konzept der Menschenrechte muss auch als Anspruch der freien Welt auf die offene Gesellschaft und die individuellen und kollektiven Grundrechte stärker offensiv verfochten werden. Dabei gilt: Menschenrechte sind nicht verhandelbar. Sie definieren, wer wir sind, was Europa ist. Nationale und internationale Strategien zur Durchsetzung von Menschenrechten und Mindeststandards sind in Umfang und Wirkung sehr unterschiedlich. Man könnte hier viele Beispiele aufzählen. Zum Beispiel gilt Religionsfreiheit als zentrales Menschen-

Ohne Aufklärung keine Allgemeine Erklärung der Menschenrechte. Ohne Aufklärung keine liberale und offene Gesellschaft. Ohne offene Gesellschaft und Demokratie keine allgemeine Geltung der Menschenrechte.

recht – und doch sehen wir die Verfolgung von Christen, Jesiden, Muslimen, Buddhisten sowie auch ethnischer Gruppen wie Tibeter, Uiguren, Rohingya. Und es gibt Strategien gegen linken und rechten Extremismus und Islamismus, gegen Antisemitismus. Es gibt Beschlüsse zur Wahrung von Grundrechten innerhalb der EU (u.a. Bedrohung der Unabhängigkeit der Justiz und der Presse- und Meinungsfreiheit in einzelne Staaten der EU). Auf globale Herausforderungen werden Gesamtkonzepte entwickelt wie der Nationale Aktionsplan für Wirtschaft und Menschenrechte (NAP) in Deutschland.

Aber dies alles bildet nicht den Kern des Kampfes um die offene Gesellschaft und die Grundrechte. Im Kern geht es um den Schutz von Menschen und Gruppen, um das Konzept der unabdingbaren Würde des Einzelnen.

Dagegen sind autoritäre Regime weltweit auf dem Vormarsch, das westliche Konzept der universalen Rechte und der Würde des Menschen ist erkennbar auf dem Rückzug. Für den Rückzug gibt es zahlreiche Beispiele. Wenn der autoritäre Führer der Türkei einen international geschützten Richter eines Internationalen Strafgerichts bei der Einreise in sein Heimatland willkürlich verhaften lässt, einen regimetreuen Richter an seiner Stelle nominiert und der Westen die Verletzung internationaler Standards akzeptiert – dann sendet dies Signale nicht nur in Richtung Türkei, sondern weltweit. Dieses Signal lautet: Der Westen wagt nicht mehr, selbst flagrante Verstöße zu kritisieren. Er ist zu geschwächt, um selbst einen Konflikt um das internationale Recht zu wagen.

Wenn nach Krieg und Völkermord in Bosnien dieses zutiefst europäische Land erstmals seit Nazideutschland eine „völkische“ Verfassung aufgezwungen bekommt (unter aktiver Mithilfe deutscher Diplomaten), die ausgerechnet Juden und Sinti das Recht verweigert, höchste Ämter im Land zu bekleiden, ist das nicht nur eine Bankrotterklärung des Westens. Es ist auch, wie zuvor das Zuschauen beim schlimmsten europäischen Massaker seit dem Zweiten Weltkrieg, ein deutliches Signal: Wir haben ein taktisches Verhältnis zu Genozid und Menschenrechten. Das Signal lautet zumindest: Nicht einmal in unserer Hemisphäre sind wir bereit, die Folgen selbst der brutalsten Verletzung von Menschenrechten, namentlich Völkermord, zu beseitigen. Die Täter erhielten die Kontrolle über Srebrenica „um des lieben Friedens willen“ – ein Siegfried, ohne Gerechtigkeit, der sich bis heute

Zu rasch sind zu viele bereit, für Milliarden an Umsatz viele Millionen um ihre Menschenrechte zu betrügen.

als Destabilisierung für den ganzen Balkan auswirkt.

Als Signalwirkung für die Schwäche in Europa wirkt der Kotau der Europäer vor immer offeneren autoritären Ansprüchen Chinas. So hat ausgerechnet Norwegen dem Dalai Lama, der in Oslo den Friedensnobelpreis erhielt, die kalte Schulter gezeigt. So hat Serbiens zunehmend autoritäre Führung vor dem Besuch der chinesischen Führung potenzielle Protestler vorsorglich und gegen jedes Recht interniert (dieses „vorsorgliche" Wegsperren war geübte Praxis des DDR-Regimes gegen Bürgerrechtler vor wichtigen Terminen und Besuchen). Kaum jemand in Europa bringt mehr den Mut auf, die totalitäre Kontrolle der Chinesen via Internet durch das Regime offen zu kritisieren. Selbst die Internierung von über einer Million (!) Uiguren wird nur zaghaft und leise thematisiert.

Die mit dem wirtschaftlichen Aufstieg der kommunistischen Volksrepublik China verbundene Hoffnung auf Demokratisierung dieses Giganten hat sich nicht erfüllt. Stattdessen hat die wirtschaftliche Macht Pekings ehemals tapfere Verfechter von Menschenrechten zum Kniefall vor der schieren wirtschaftlichen Potenz verleitet. Dies gilt nicht nur für Konzernlenker. Die Schere im Kopf, auch auf der Zunge, ist in vielen Äußerungen, Handlungen oder auch beredtem Schweigen und Unterlassen für alle global ablesbar. Der Menschenrechtsdialog mit China ist faktisch zum Erliegen gekommen und dient als Feigenblatt. Probleme werden zwar angesprochen, Konsequenzen fürchten muss Peking nicht.

Der Kotau des freien Westens mit insgesamt über 1 Milliarde Menschen vor dem „Riesenreich" mit derzeit 1,3 Milliarden Menschen ist unübersehbar. Während der Westen vor aller Augen verstummt, stoßen autoritäre Regime in die Lücke. Ein chinesischer Funktionär polemisiert und provoziert im ZDF-Interview ganz offen und fordert die Aufklärung als Konzept heraus. Das Problem des Westens sei: „Ihr glaubt an den selbstverantwortlichen Menschen!" Der Botschafter Chinas in Deutschland nimmt sich heraus, frei gewählten Abgeordneten des Deutschen Bundestages vorschreiben zu wollen, welche Termine (mit Tibetern) in Deutschland sie nicht wahrzunehmen hätten, selbst welche Inhalte von der Internetseite zu verschwinden hätten.

Das Regime wird keck, weil es nicht mehr auf ernsthafte Gegenwehr trifft. Ich habe mich gewehrt – und das Regime blockiert nicht nur mich, sondern gleich den ganzen Bundestagsausschuss für Menschenrechte von der Einreise nach China.

Mehr noch geschieht vor unseren Augen in Berlin: Vietnamesische Bürger werden vom Regime auf offener Straße gekidnappt und nach Vietnam verbracht, um dort inhaftiert zu werden. Frauen aus Saudi-Arabien werden verfolgt, bedrängt und gebeten, doch mal in der Berliner Botschaft vorbeizukommen (nach dem Mord an dem Journalisten Khashoggi eine „besondere Einladung"), und chinesische Dissidenten berichten mir von der realen Gefahr, in Berlin Opfer chinesischer Entführung zu werden.

Die Menschenrechte werden also längst nicht mehr nur in fernen Ländern außer Kraft gesetzt; weil wir schweigen, ist die Hauptstadt des stärksten Landes der EU kein Tabu mehr für Zugriffe von Regimen. Von Putin und Erdogan, die Gegner in westlichen Ländern verfolgen und sogar töten lassen, ist da noch nicht einmal gesprochen.

Autoritäre Regime aus China, Russland, Türkei und anderen Staaten haben sich darauf eingestellt, dass der freie Westen aufgehört hat, sein Konzept der Aufklärung, die offene Gesellschaft und die Menschenrechte zu verteidigen. Wir laden durch unser Unterlassen und durch Unterordnung dazu ein, dass autoritäre Ideologen nicht nur in der eigenen Hemisphäre, sondern global nach Vorherrschaft streben. Dass autoritäre Konzepte weltweit auf dem Vormarsch sind, liegt also weniger an aggressiven Methoden der Regime. Es liegt weit mehr an der Selbstbeschränkung, auch der Unfähigkeit und dem Opportunismus, schlicht auch an nicht mehr zu ignorierender Feigheit im sogenannten Westen.

Wenn nur 70 Jahre nach der historischen Erklärung der Menschenrechte die Luft bei der Bewahrung und Verteidigung dieser einzigartigen Erklärung in der Geschichte der Menschheit ausgehen sollte, dann bliebe die Aufklärung eine Episode. Der Westen hätte im wahren Sinne des Wortes historisch versagt. Gerade heute gilt, was seit Kant bekannt ist: Frei zu werden – und frei zu bleiben – von selbst gewählter Abhängigkeit, erfordert viel Mühe. Ohne neues Feuer wird die Fackel der Freiheit und der Menschenrechte erlöschen.

Die Erklärung der Menschenrechte wäre ohne die unsagbaren Verbrechen des Nationalsozialismus und des Zweiten Weltkrieges nicht möglich geworden. Sie bleibt bislang eine Erfolgsgeschichte. Zum Zeitpunkt der Erklärung der Menschenrechte gab es weder in Europa noch weltweit so viele freie Gesellschaften wie heute. Die heutigen Eliten allerdings haben vergessen: Die Freiheit und die Grundrechte haben sich nicht von alleine weltweit verbreitet. Deren Protagonisten haben offensiv, intelligent und nachhaltig dafür gearbeitet und geworben, dass allen Menschen ihre unveräußerlichen Rechte zustehen. Die Folgen sind klar: Eine zunehmend aggressiv orientierte Führung Chinas nimmt Europa und den Westen als ideologische Herausforderung nicht mehr wirklich ernst; auch wirtschaftlich nicht in dem Maß wie noch vor wenigen Jahren. Spätestens seit der wirtschaftlichen Krise von 2008 sieht sich das Regime global auf der Siegerstraße der Geschichte. Das Konzept der Seidenstraße ist dafür starker Ausdruck.

Die Gefährdung der Freiheit kam nicht über Nacht. Die Weimarer Republik ging nicht allein an ihren Feinden, sondern genauso an verzagten Verteidigern zugrunde. Dies könnte auch den offenen Gesellschaften im weltweiten Wettbewerb so ergehen. Zu stumm sind wir geworden. Das ist das fatalste Signal: Der vormals attraktive, selbstbewusste und erfolgreiche Westen ist einem verzagten, teils zerstrittenen Konglomerat gewichen. Zu rasch sind zu viele bereit, für Milliarden an Umsatz viele Millionen um ihre Menschenrechte zu betrügen.

Die Zukunft von Klima, Migration, Sicherheit, Wohlstand, sozialer Sicherheit und viele andere Fragen sind aber nicht Randbedingung, sondern Folge der Antwort auf die Grundsatzfrage: Wie halten wir es in internationaler, europäischer und nationaler Politik mit den Grundrechten, den Rechten der Menschen? Entweder wir treten selbstbewusst, offen und entschieden für die Freiheit und Menschenrechte ein oder die glücklichste Periode der Menschheit, die Verankerung der Rechte der Menschen in der UN-Menschenrechtscharta, wird am Ende mehr Makulatur als wichtiger Grundpfeiler der Welt sein.

Europa, Ursprung der Aufklärung und der Menschenrechte, wird hier nicht nur das eigene Schicksal, sondern das der ganzen Menschheit mitentscheiden. Entweder wir setzen uns ein, strengen uns an und tragen die Fackel weiter – oder es wird global wieder dunkel um die Menschen und ihre Rechte.

Gerade heute gilt, was seit Kant bekannt ist: Frei zu werden – und frei zu bleiben – von selbst gewählter Abhängigkeit, erfordert viel Mühe. Ohne neues Feuer wird die Fackel der Freiheit und der Menschenrechte erlöschen.

DAS UNIVERSELLE LOGO FÜR MENSCHENRECHTE

Idee und Geschichte

Aus über 15.000 Vorschlägen aus 190 Ländern hat eine internationale Jury gemeinsam mit der Internet-Community im Jahre 2011 ein universelles Symbol für Menschenrechte gekürt. Das Logo ist ein Hoffnungsträger. Es verbindet die Silhouette einer offenen Hand mit der Friedenstaube. Es soll ein Beitrag zur Stärkung der Menschenrechte sein und über alle Kultur- und Sprachgrenzen hinweg Verbreitung finden.

Das Logo und die damit verbundenen Materialien können von jedem für die Verbreitung und Stärkung der Menschenrechte genutzt werden.
www.humanrightslogo.net

Das Logo ist ein Hoffnungsträger.

Es verbindet die Silhouette einer

offenen Hand mit der Friedenstaube.

Historischer Moment:

Die UN-Generalversammlung nimmt 1948 die Allgemeine Erklärung der Menschenrechte an. Ihre Verkündung am 10. Dezember wird seither als „Tag der Menschenrechte" begangen.

GEDA
Z
MENS
UN
RECH

NKEN

U

CHEN

D

TEN

"

MENSCHENRECHTE MÜSSEN FÜR ALLE GELTEN.

NICHT DESHALB, WEIL ALLE MENSCHEN PRINZIPIELL GLEICH SIND,

SONDERN WEIL SIE IM WIRKLICHEN LEBEN UNGLEICH SIND:

WEIL JEDER MENSCH ANDERS IST, HAT ER DEN ANSPRUCH AUF

UNANTASTBARKEIT SEINER MENSCHENWÜRDE.

NORBERT LAMMERT Deutschland *1948
Präsident des Deutschen Bundestages 2005–2017. Vorsitzender der Konrad-Adenauer-Stiftung.

Als intellektuell scharfsinnigem Zeitzeugen, Mitgestalter und überzeugtem Verfechter der Grundwerte unserer Verfassung wird ihm über Parteigrenzen hinweg hoher Respekt entgegengebracht. Kommandeur der französischen Ehrenlegion 2011. Jacob-Grimm-Preis Deutsche Sprache 2017.

Norbert Lammert

„

MENSCH WERDEN IST EIN GESCHENK DER ELTERN!

MENSCH BLEIBEN IST EINE SEHR EIGENE VERPFLICHTUNG!!!

DIETER HALLERVORDEN Deutschland *1935
Schauspieler. Kabarettist. Autor. Produzent.

Hallervorden wuchs auf in Dessau, Sachsen-Anhalt. Mit 23 Jahren flüchtete er 1958 aus der damaligen DDR und begann in der Bundesrepublik Deutschland eine bemerkenswert vielseitige Karriere. Er ist Träger zahlreicher Auszeichnungen.

Dieter Hallervorden

„
DIE WÜRDE JEDES MENSCHEN IST UNANTASTBAR.

BERTRAM SCHMITT Deutschland *1958
Richter am Bundesgerichtshof.

Seit 2015 Richter am Internationalen Strafgerichtshof (IStGH/ICC) in Den Haag (Niederlande).

Bertram Schmitt

„

FREIHEIT FÜR DIE JESIDISCHEN FRAUEN IN DEN DAESH*-GEFÄNGNISSEN. GLEICHE RECHTE UND GERECHTIGKEIT FÜR RELIGIÖSE MINDERHEITEN.

*Daesh ist der arabische Name für die Terror-Organisation „Islamischer Staat"

NADIA MURAD Irak *1993
Friedensnobelpreisträgerin 2018. Menschenrechtsaktivistin. UN-Sonderbotschafterin.

Nadia Murad fand nach der Flucht als eine von 1.000 Jesidinnen, die als Kontingentflüchtlinge vom Bundesland Baden-Württemberg aufgenommen und medizinisch wie psychologisch betreut wurden, die Kraft, über die Versklavung und sexuellen Verbrechen an jesidischen Mädchen und Frauen zu berichten. Sie hat damit den Opfern weltweit eine Stimme gegeben. Sie ist UN-Sonderbotschafterin für die Würde der Überlebenden von Menschenhandel (UNODC).

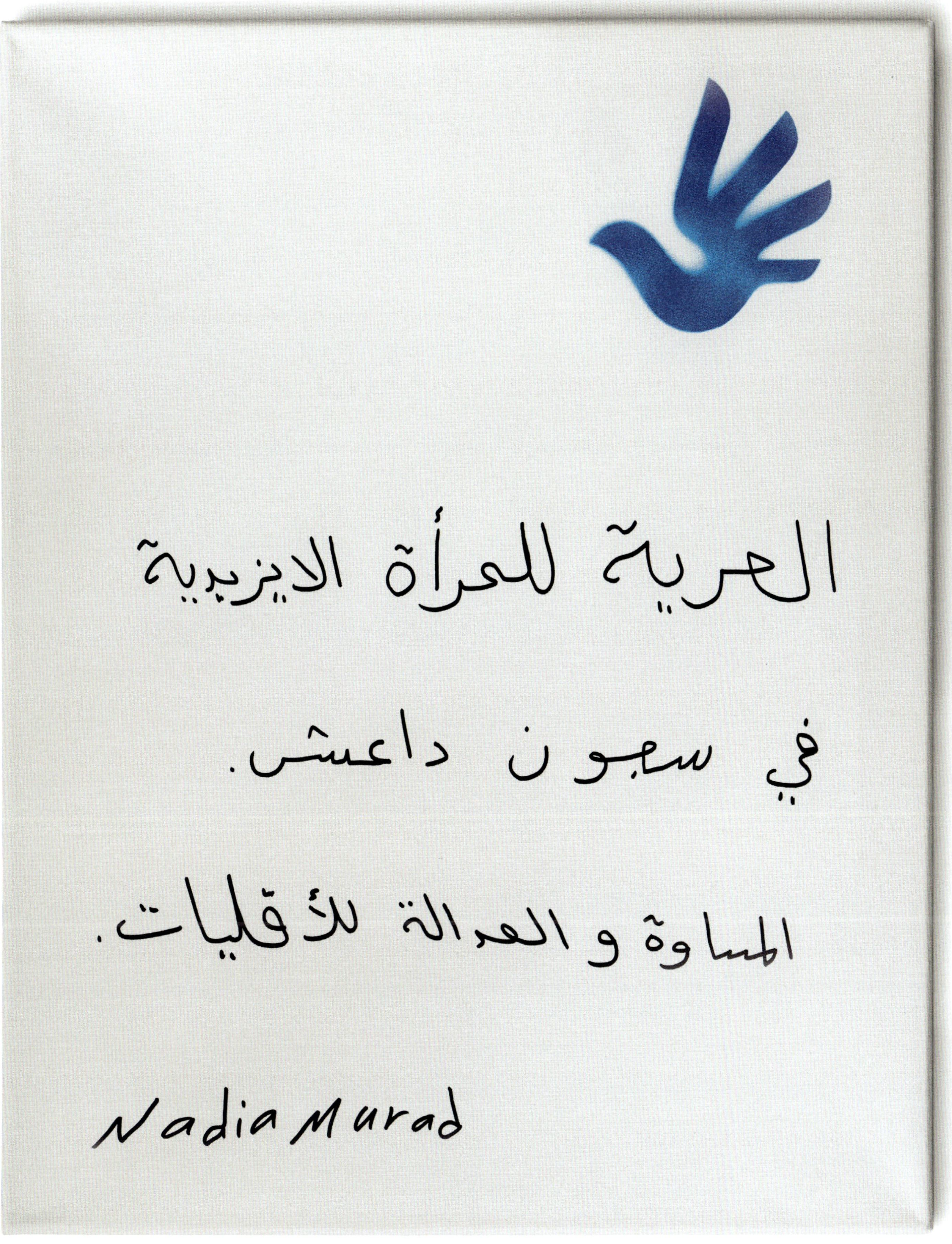
الحرية للمرأة الايزيدية
في سجون داعش.
المساوة والعدالة للأقليات.
Nadia Murad

Nadia Murad

„JEDES LEBENDE WESEN SCHÄTZT SEIN LEBEN.

DESHALB IST GEWALTFREIHEIT

EINE ABSOLUTE NOTWENDIGKEIT FÜR UNSERE WELT.

DALAI LAMA Tibet *1935
Friedensnobelpreisträger 1989. Buddhistischer Mönch.

Seine Heiligkeit der 14. Dalai Lama ist das geistige Oberhaupt der Tibeter und war bis 2011 ihr weltliches Oberhaupt. Neben über 150 Ehrungen weltweit wurde ihm 1989 der Friedensnobelpreis für den gewaltlosen Kampf um die Rechte Tibets verliehen. Im Jahr 2011 übertrug er die staatlichen Pflichten an eine demokratisch gewählte Führung im indischen Exil und beendete damit eine 368 Jahre alte Tradition, in der das religiöse Oberhaupt der Tibeter auch die politische Führung innehatte. Der Dalai Lama selbst bezeichnet sich als einfachen buddhistischen Mönch. Er ist international gefragter Ratgeber und Autor von über 100 Büchern.

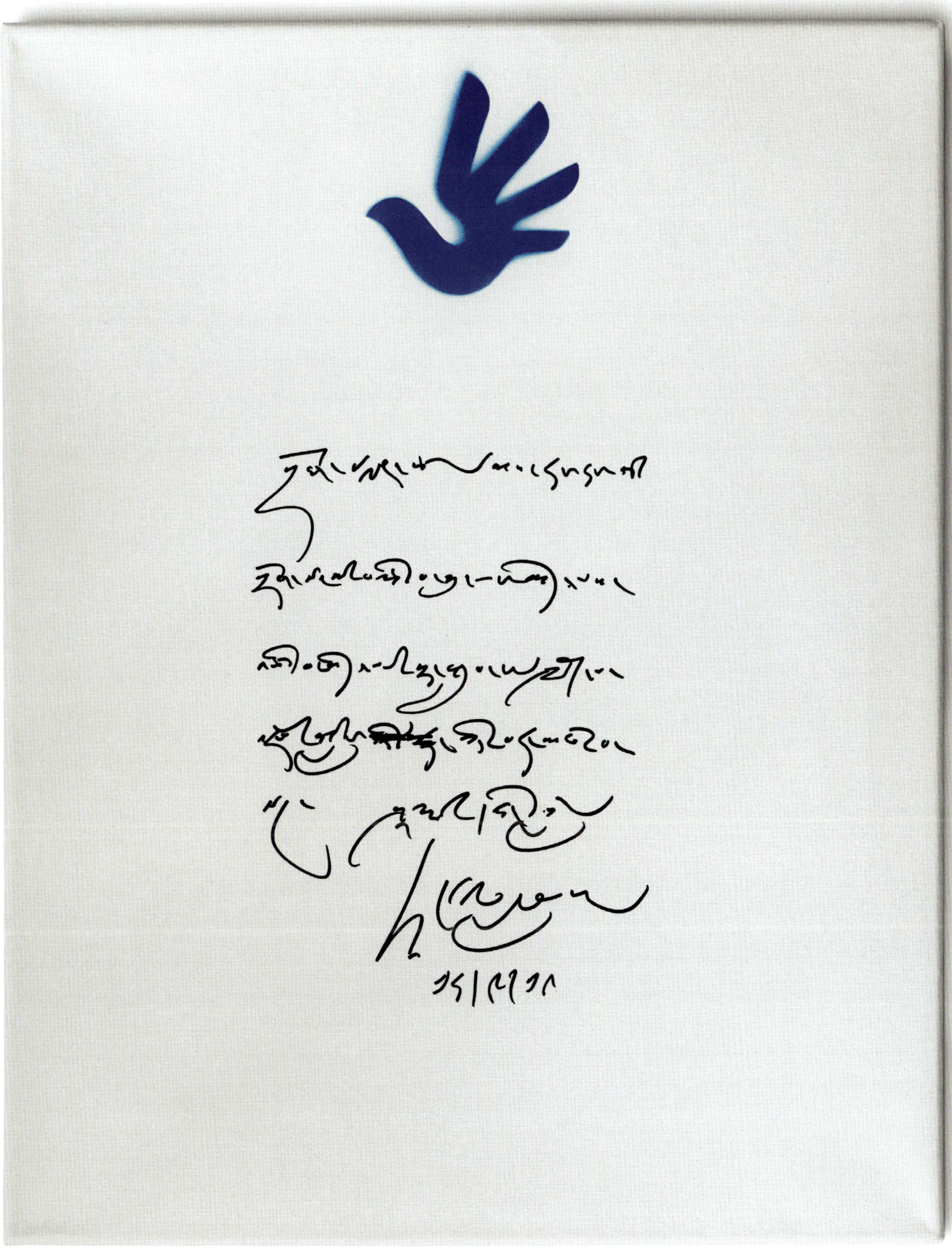

Dalai Lama

„
MENSCHENRECHTE: EINES DER GRÖSSTEN GESCHENKE

VON HUMANISMUS UND AUFKLÄRUNG.

STEPHAN HARBARTH Deutschland *1971
Jurist. Vizepräsident des Bundesverfassungsgerichts.

Stephan Harbarth

„

DER EINE LEBT VOM ANDEREN!

RECHTE SIND WICHTIG, OHNE MENSCHENRECHTE IST ALLES NICHTS;

SICH DAFÜR EINZUSETZEN LÄSST ALLE MENSCHEN – ÜBERALL – LEBEN.

DAS GEBE GOTT UNS ALLEN ALS DIE AUFGABE.

WOLFGANG HAMBERGER Deutschland *1930
Oberbürgermeister a. D., Fulda.

Wolfgang Hamberger ist Mitglied der Historischen Kommission für Hessen, ehemaliger Stiftungsratsvorsitzender der Point-Alpha-Stiftung, Transatlantiker und aktiver Gestalter der deutsch-jüdischen Aussöhnung.

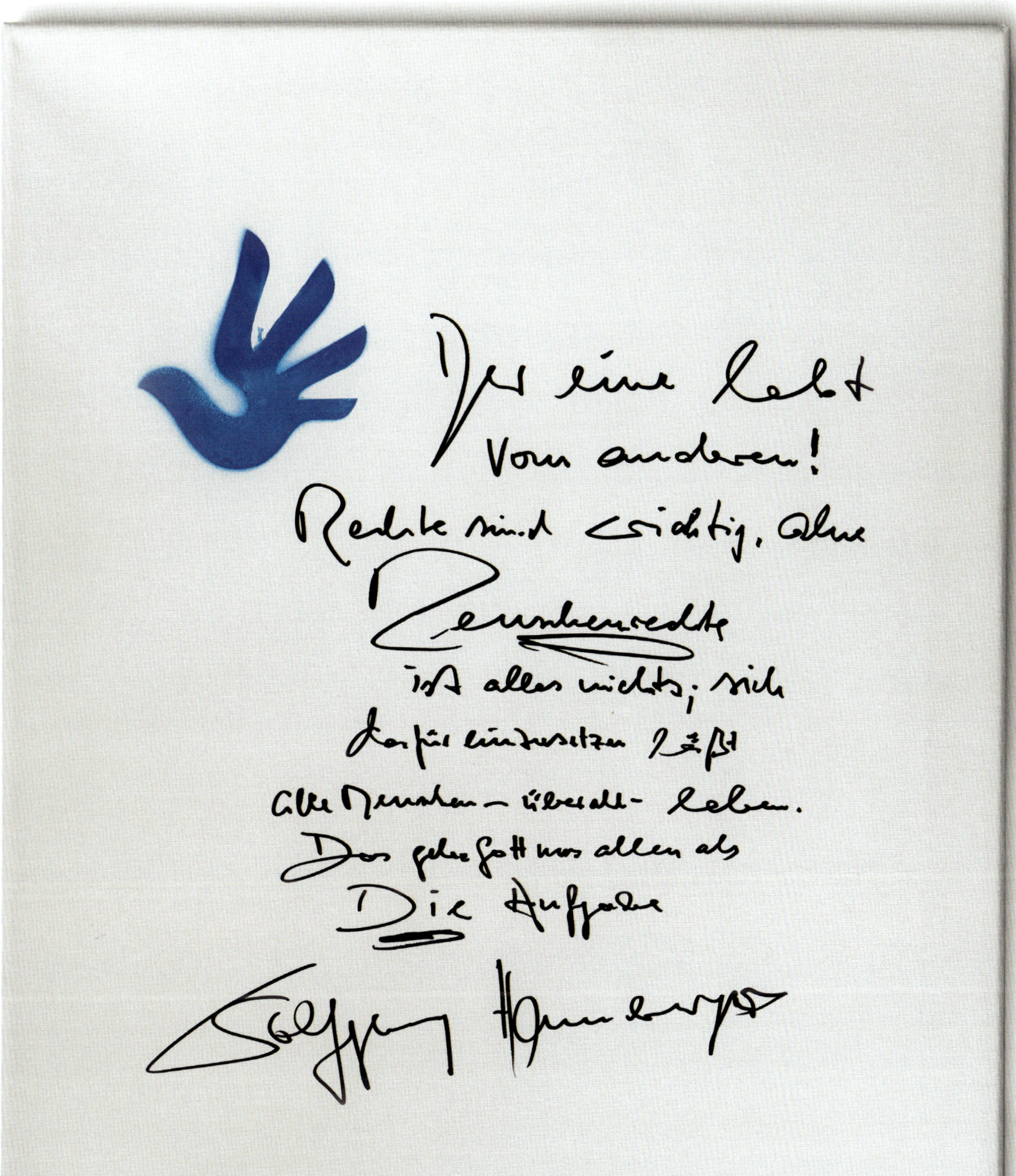

Wolfgang Hamberger

„OHNE REDEFREIHEIT GIBT ES KEINE MODERNE ZIVILISATION. DAS AUFGEBEN DES BEHARRENS AUF DIE MENSCHENRECHTE WIRD DIE GESELLSCHAFT DAZU VERANLASSEN, IHRE PRINZIPIEN UND IHRE HALTUNG AUFZUGEBEN. DIE INTERPRETATION VON FREIHEIT UND RECHTEN SOWIE DEREN AUSÜBUNG BILDEN DEN WAHREN WERT DES LEBENS. SIE SIND DIE WICHTIGSTEN KONNOTATIONEN VON REVOLUTION UND FORTSCHRITT. DAS VERSTÄNDNIS DER MENSCHENRECHTE IST EINE AUFRICHTIGE ERKENNTNIS ÜBER DEN WERT DES LEBENS. DIESE ERKENNTNIS IST DIE GRUNDLAGE ALLER MENSCHLICHEN WERTE UND BEMÜHUNGEN.

AI WEIWEI China *1957
Bildhauer. Konzeptkünstler. Filmproduzent. Autor.

Er ist Gründer der Galerie „China Art and Warehouse" für experimentelle Kunst in Peking. Menschenrechtsaktivist. 2011 in China inhaftiert. Ausreiseverbot bis 2015. Bis 2019 lebte und arbeitete er in Berlin. Ai Weiwei ist Ehrenmitglied der „Royal Academy of Art".

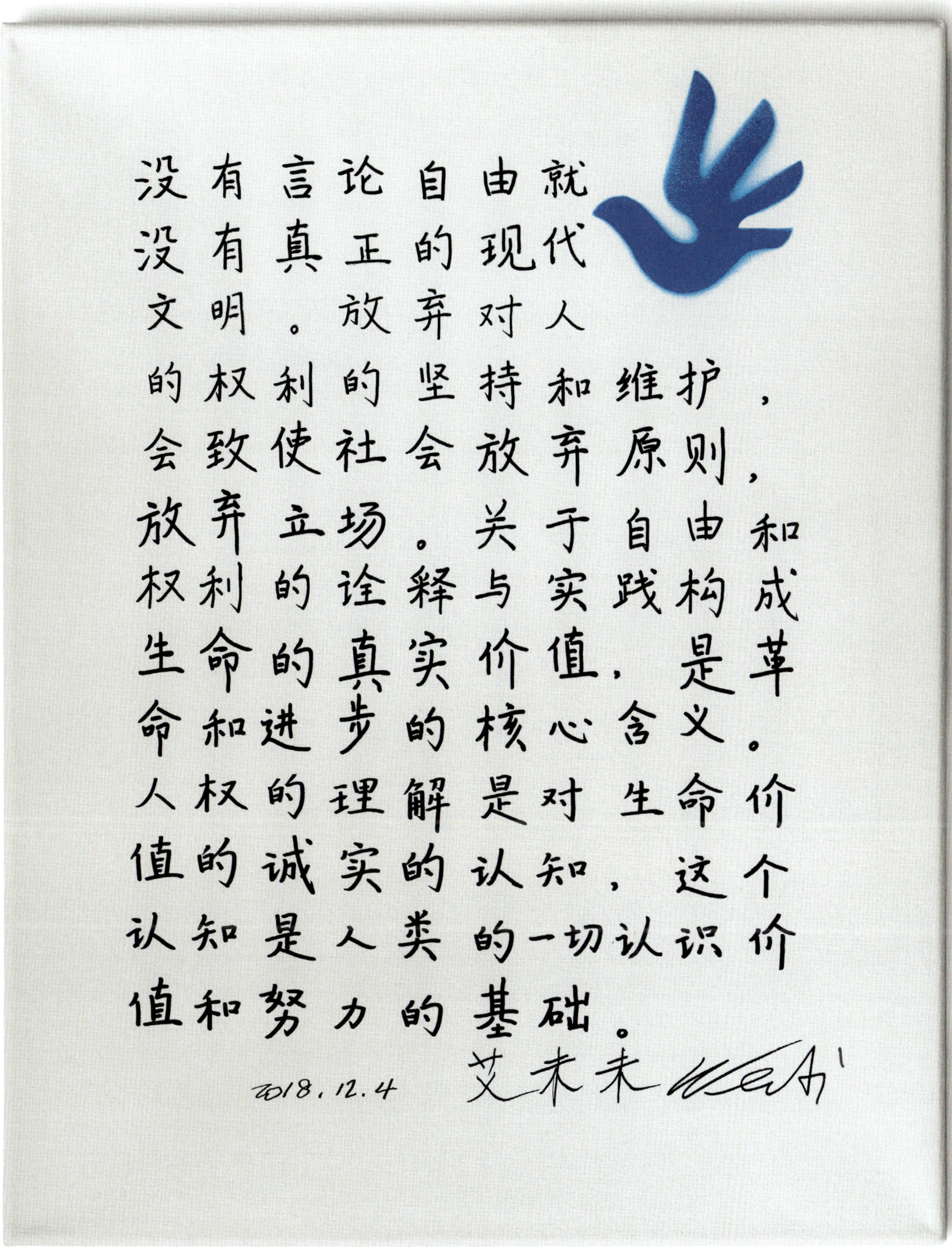
没有言论自由就
没有真正的现代
文明。放弃对人
的权利的坚持和维护，
会致使社会放弃原则，
放弃立场。关于自由和
权利的诠释与实践构成
生命的真实价值，是革
命和进步的核心含义。
人权的理解是对生命价
值的诚实的认知，这个
认知是人类的一切认识价
值和努力的基础。
2018.12.4
艾未未

Ai Weiwei

"WIR SIND EIN VOLK,

WIR SIND EINE PERSON,

WIR SIND EINS

GEMEINSAM.

RICHARD GERE USA *1949
Schauspieler. Golden Globe Award. Mitbegründer und Vorsitzender der „International Campaign for Tibet".

Seit Jahrzehnten setzt er sich für die Rechte der Tibeter ein und bezieht immer wieder öffentlich Stellung.

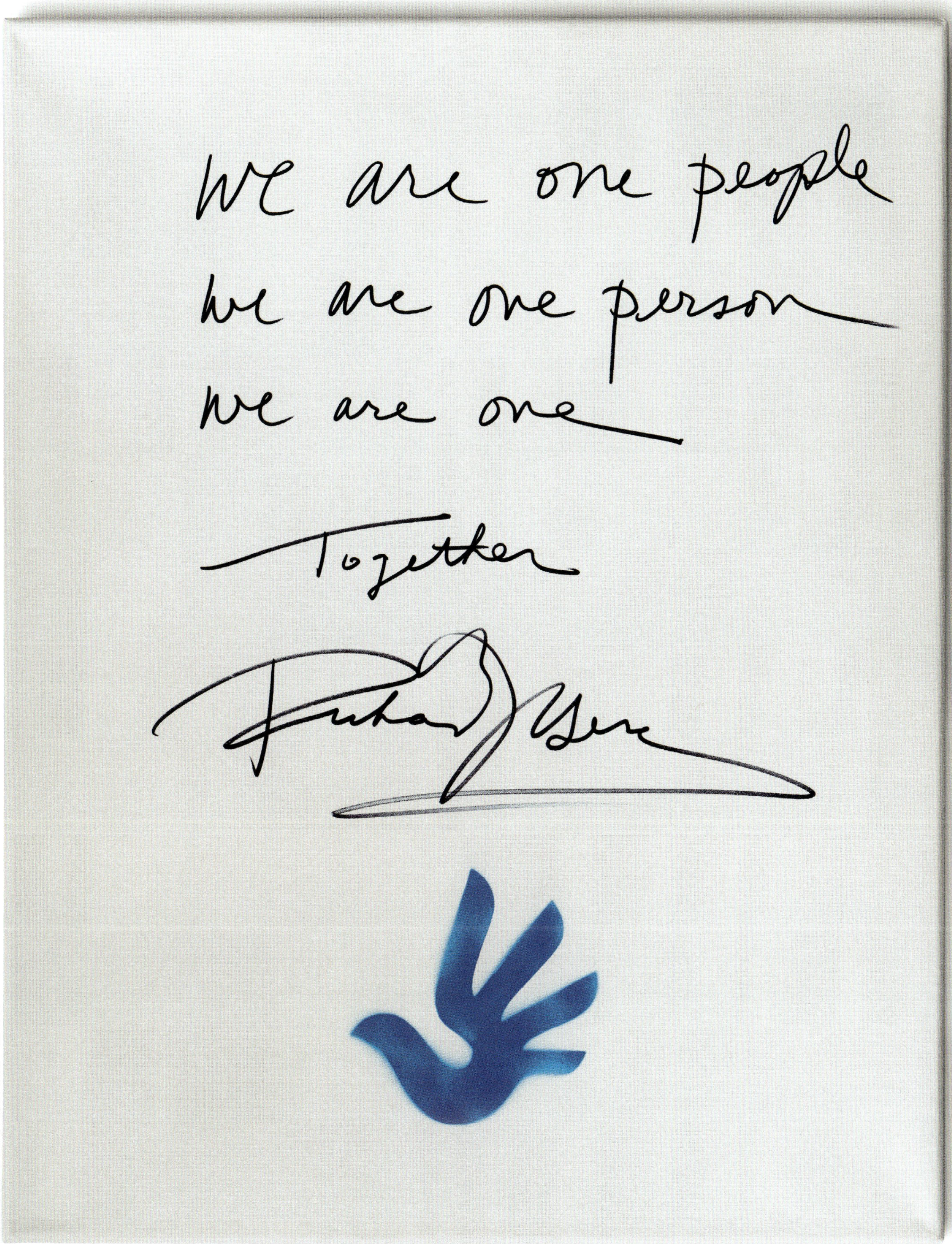

Richard Gere

„ **MENSCHENRECHTE SIND STARK, WEIL DER KERN GANZ EINFACH IST:**

GLEICHE WÜRDE UND GLEICHE FREIHEIT FÜR ALLE!

HEINER BIELEFELDT Deutschland *1958
Theologe. Philosoph. Historiker.

2010–2016 Sonderberichterstatter für Religions- und Weltanschauungsfreiheit des UN-Menschenrechtsrats.

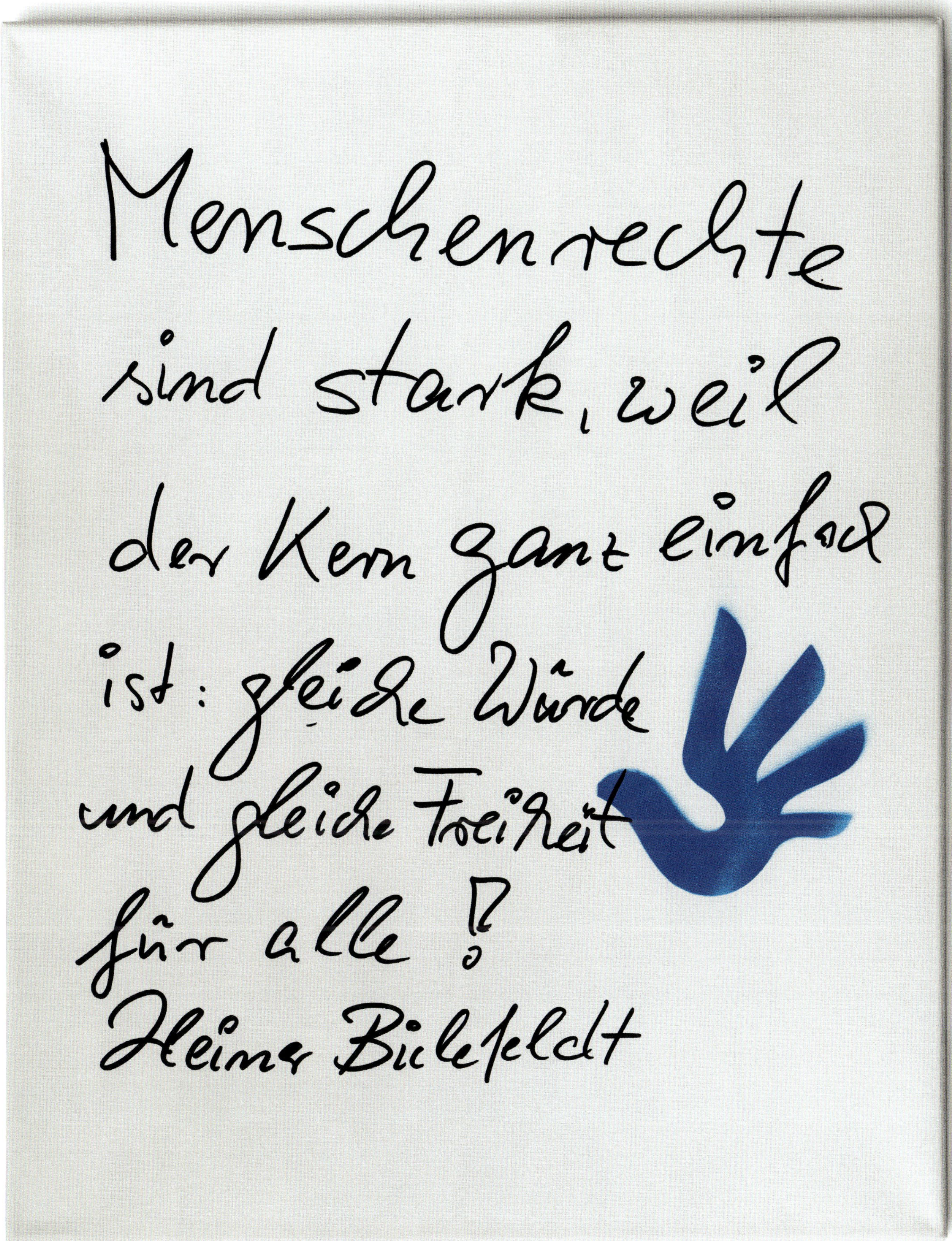

Heiner Bielefeldt

„

MENSCHENRECHTE

UNSER BROT, UNSER WASSER UND UNSER ATEM.

OHNE SIE HUNGERN WIR, DÜRSTEN WIR UND ERSTICKEN WIR.

CAN DÜNDAR Türkei *1961

Journalist. Träger des Lew-Kopelew-Preises. Europäischer Journalist des Jahres 2017. Ehrenbürger von Paris.

Can Dündar gilt als einer der profiliertesten türkischen Journalisten (ehemaliger Chefredakteur „Cumhuriyet"), der Korruption und Skandale aufdeckte. Nach Veröffentlichung eines Berichts über mutmaßliche Waffenlieferungen der Türkei an die Terrororganisation „Islamischer Staat" erstattete der türkische Präsident Erdogan persönlich Anzeige und forderte lebenslange Haft. Vor dem Gericht wurde Dündar am 6. Mai 2016 Ziel eines Attentates, das er überlebte. Seit seiner Ausreise nach Deutschland publiziert Dündar regelmäßig und ist Chefredakteur der zweisprachigen Plattform „Özgürüz".

İNSAN HAKKI
BİZİM EKMEĞİMİZ,
SUYUMUZ, HAVAMIZ.
ONSUZ HAVASIZ,
SUSUZ, AÇIZ.
CAN DÜNDAR

Can Dündar

„DER KERN ALLER MENSCHENRECHTE BESTEHT DARIN,

DEINEN NÄCHSTEN ZU LIEBEN.

DAVID BEASLEY USA *1957

Exekutivdirektor des „World Food Programme" (WFP) der Vereinten Nationen. 1995–1999 Gouverneur des US-Bundesstaates South Carolina.

Beasley war vor der Übernahme des Amtes beim WFP ein Jahrzehnt in mehr als 100 Ländern aktiv, um Projekte zur Friedenserhaltung, Aussöhnung und wirtschaftlichen Entwicklung zu fördern. Er war jährlich in über 30 Ländern tätig, unter anderem im Südsudan, Sudan, Tunesien und im Jemen.

David Beasley

„DIE KUNST KANN DEN MENSCHEN NICHT RETTEN,

ABER MIT DEN MITTELN DER KUNST IST EIN DIALOG MÖGLICH,

DER ZUM BEWAHRENDEN HANDELN DES MENSCHEN AUFRUFT.

GÜNTHER UECKER Deutschland *1930
Maler. Objektkünstler. Mitgründer der Stiftung ZERO.

Sammlungen in der ganzen Welt wie zum Beispiel im „Museum of Modern Art", New York, würdigen sein Werk. Bekannt wurde er vor allem mit seinen reliefartigen Nagelbildern. 1999 gestaltete er den Andachtsraum des Deutschen Bundestages im Reichstagsgebäude.

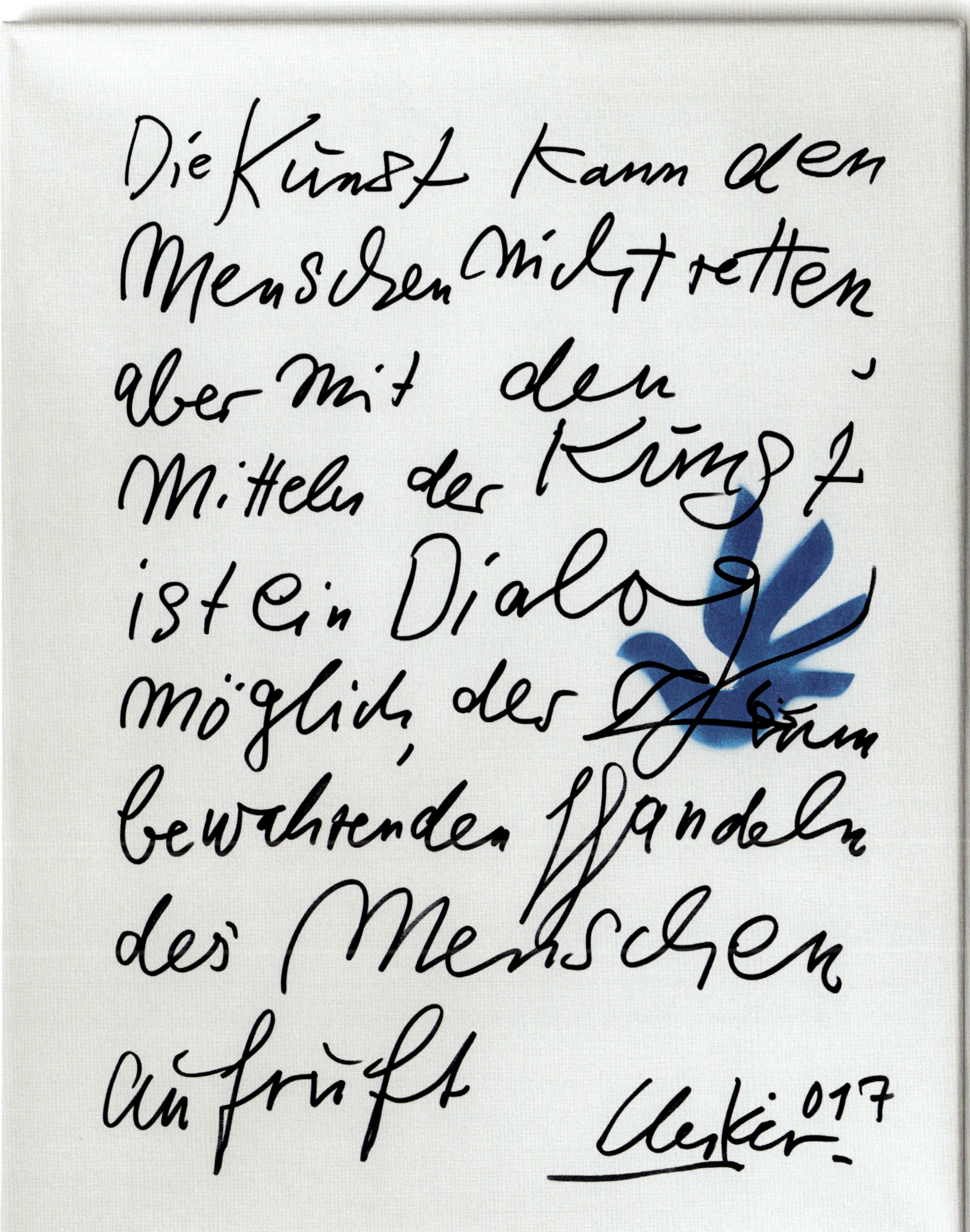

Günther Uecker

„AUCH IN DER DIKTATUR SCHEINT DIE SONNE – NUR NICHT FÜR JEDEN.

ROLAND JAHN Deutschland *1953
Bürgerrechtler. Journalist.

Bundesbeauftragter für die Stasi-Unterlagen der ehemaligen DDR seit 2011. 1983 Mitbegründer der Friedensgemeinschaft Jena. 1983 in der DDR inhaftiert, dann gegen seinen Willen zwangsausgebürgert und in die Bundesrepublik verbracht. Langjährige Arbeit als TV-Journalist mit Schwerpunkt DDR-Opposition.

Auch in der Diktatur
scheint die Sonne
- nur nicht für jeden
Roland Jahn

Roland Jahn

”

MENSCHLICHKEIT GEBEN!

FÜR DIE, DIE MENSCHLICHKEIT BRAUCHEN,

IN EINER WELT OHNE MENSCHLICHKEIT.

AHMAD AL YOUSSEF Syrien *1978

„Weißhelme Syrien". Alternativer Nobelpreis 2016. Deutsch-französischer Preis für Menschenrechte und Rechtsstaatlichkeit 2016.

Mit bloßen Händen haben die „Weißhelme", wie der Syrische Zivilschutz genannt wird, Opfer unter anderem aus von Bomben zerstörten Häusern ausgegraben. Sie waren an der Rettung von insgesamt 90.000 Opfern des Kriegs in Syrien beteiligt. Der Dokumentarfilm „The White Helmets" erhielt 2017 den Oscar für den besten Dokumentar-Kurzfilm.

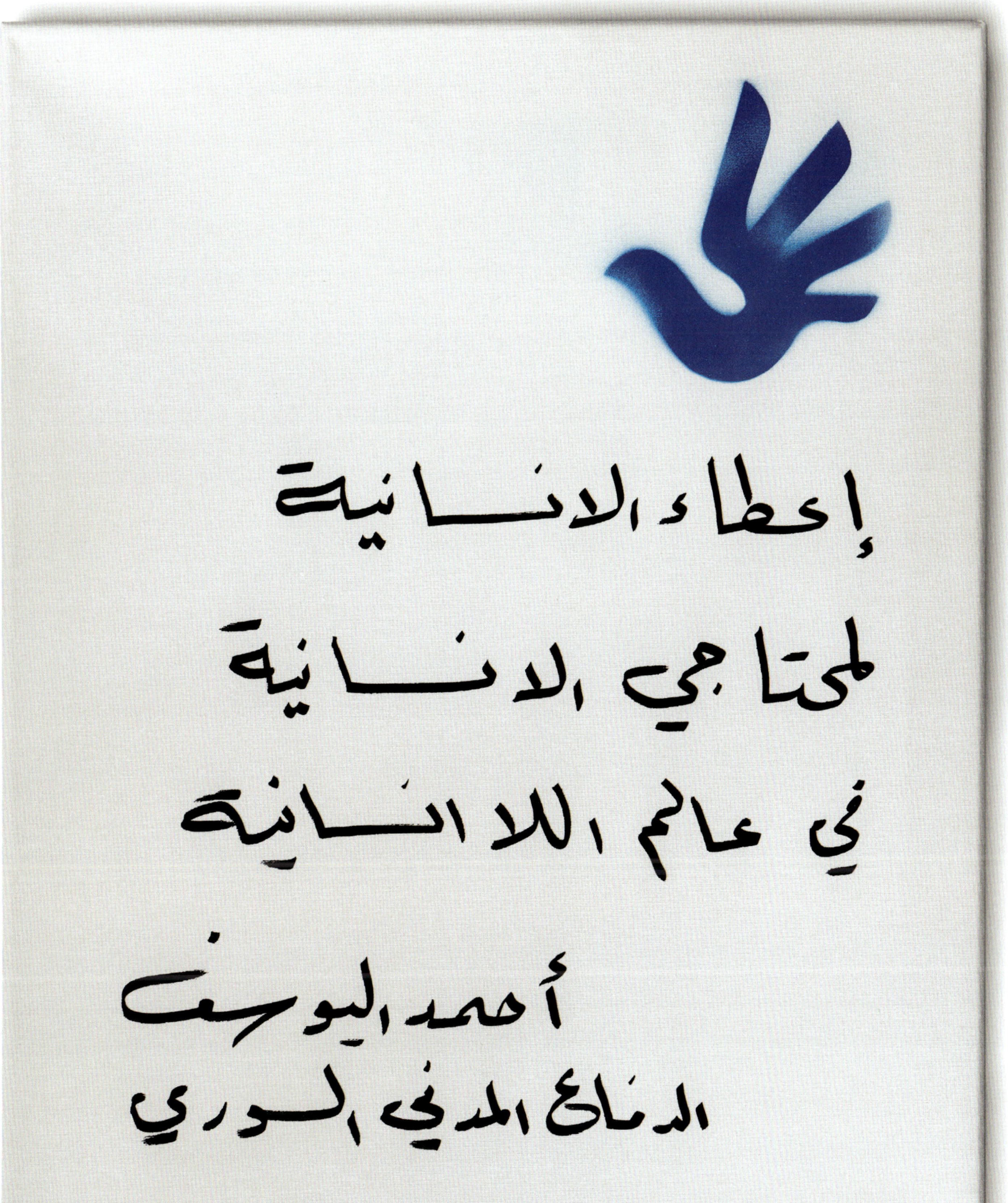

Ahmad Al Youssef

„

POOR PIGEON

DIE MENSCHENRECHTE SIND EIN MYTHOS, WAS ZU AKZEPTIEREN SCHWERFÄLLT UND - VERGESSEN WIR NICHT: MYTHEN VERSCHWINDEN, WENN AN SIE NICHT MEHR GEGLAUBT WIRD.

FRANZ ERHARD WALTHER Deutschland *1939
Konzeptkünstler. Bildhauer.

Mit seinen Werken insbesondere der partizipativen Kunst gilt er als zentrale Figur der Gegenwartskunst seit den 1960er Jahren. Von 1967 bis 1971 wirkte er in New York, von 1971 bis 2005 war er als Professor an der Hochschule für bildende Künste Hamburg tätig.

Kunstpreis Aachen 2016. Goldener Löwe der Kunstbiennale Venedig 2017.

Franz Erhard Walther

„
SOLIDARITÄT

LECH WAŁESA Polen *1943
Friedensnobelpreisträger.

Arbeiter der Danziger Werft. Gallionsfigur der Freiheitsbewegung beim Zusammenbruch des Kommunismus in Osteuropa. Vorsitzender der Gewerkschaftsbewegung „Solidarność" 1980–1990, die in Polen Demokratie und Freiheit erkämpfte. Auf diesem Weg vom Papst Johannes Paul II unterstützt. Präsident der Republik Polen 1990–1995.

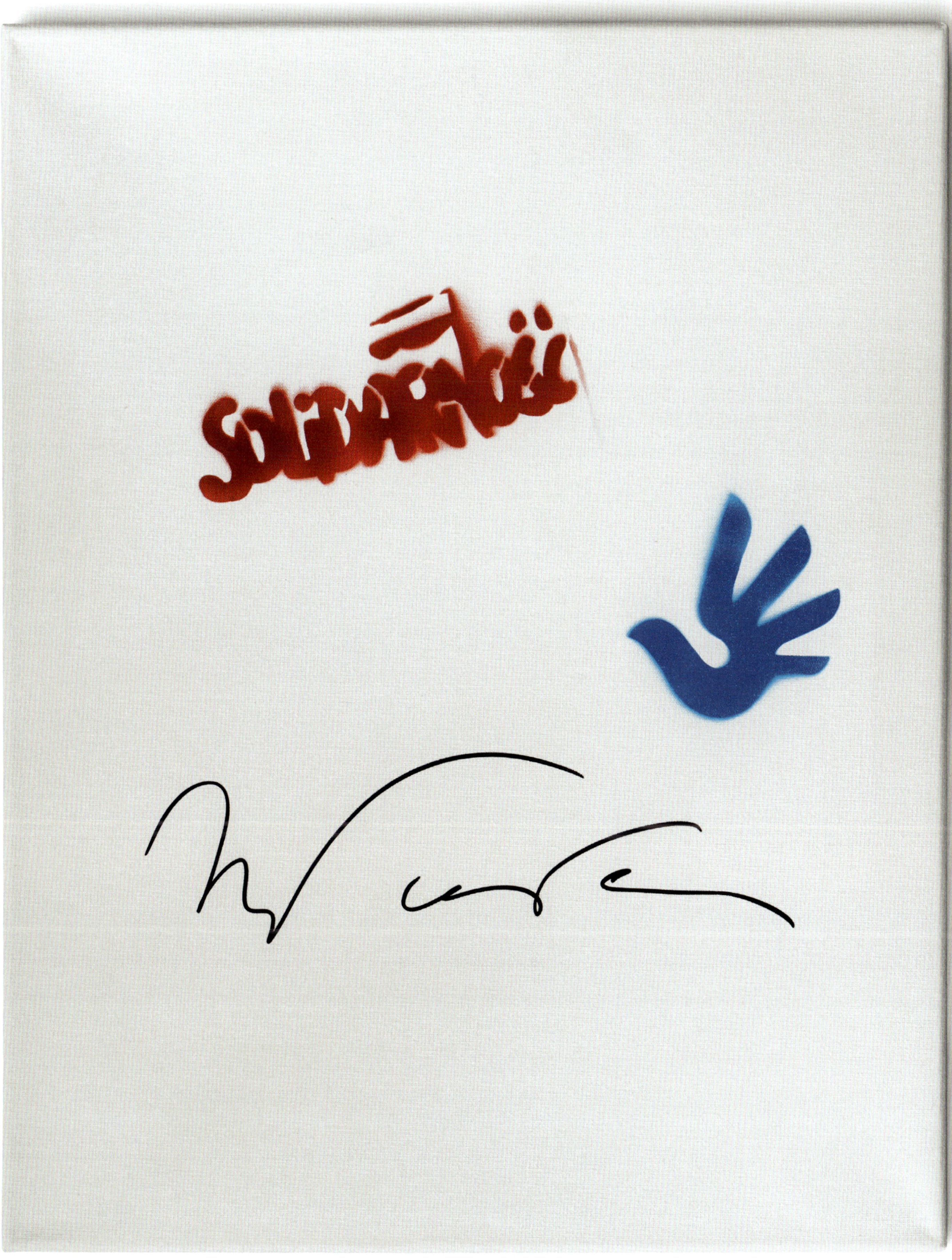

Lech Wałesa

„ **BEI MENSCHENRECHTEN GIBT ES KEINE NEUTRALITÄT – MENSCHENRECHTE SIND UNTEILBAR.**

CHRISTIAN SCHWARZ-SCHILLING Deutschland *1930
Unternehmer. Bundesminister 1983–1992.

Aus Protest gegen die Untätigkeit der Bundesregierung gegenüber dem Völkermord in Bosnien-Herzegowina trat er im Dezember 1992 überraschend als Bundesminister für Post und Telekommunikation zurück. Ab 1995 war er als Streitschlichter auf dem Balkan tätig. Hoher Repräsentant der UN und EU-Sonderbeauftragter für Bosnien-Herzegowina 2006/07. Hessischer Friedenspreis 2007.

Christian Schwarz-Schilling

„IN ERINNERUNG AN WILM HOSENFELD, DEN MUTIGEN OFFIZIER:

„ICH SEHE IMMER DEN MENSCHEN VOR MIR.“

HERMANN VINKE Deutschland *1940
Rundfunk-Journalist. ARD-Korrespondent u. a. für Osteuropa/Baltikum, Japan, USA. Sachbuchautor. Jugendbücher über NS-Vergangenheit und Widerstand. Dt. Jugendbuchpreis 1981 für „Das kurze Leben der Sophie Scholl“.

In der 2015 erschienenen Biografie „Ich sehe immer den Menschen vor mir“ schreibt er über den deutschen Offizier Wilm Hosenfeld, der im besetzten Warschau mehrere Menschenleben rettete – darunter den polnischen Pianisten und Komponisten Władysław Szpilman, den er versteckte. Im September 1939 spielte Szpilman ein Chopin-Recital, das wegen eines Bombentreffers zur letzten Live-Ausstrahlung des Polnischen Rundfunks wurde. Nach dem Zweiten Weltkrieg nahm der Sender mit eben diesem Chopin-Konzert seinen Betrieb wieder auf, gespielt von Szpilman. Posthum wurde Hosenfeld in Yad Vashem der Ehrentitel „Gerechter unter den Völkern“ verliehen.

Hermann Vinke

„FLÜCHTLINGSRECHTE SIND MENSCHENRECHTE,

DIE – HEUTE – (DEINE) BESONDERE AUFMERKSAMKEIT BRAUCHEN.

FILIPPO GRANDI Italien *1957
UN-Diplomat. Hoher Flüchtlingskommissar der Vereinten Nationen.

Filippo Grandi

„FRAUENRECHTE SIND MENSCHENRECHTE.

SEXUELLE GEWALT GEGEN FRAUEN UND MÄDCHEN IST EINE SCHWERE

VERLETZUNG IHRER MENSCHENRECHTE.

PRAMILA PATTEN Mauritius *1958

Juristin. 1993–2002 International Women's Rights Action Watch. Seit 2017 UN-Sonderbeauftragte gegen sexuelle Gewalt in Konflikten.

Pramila Patten

„ALLE MENSCHEN SIND UNTERSCHIEDLICH GEBOREN,

MÜSSEN ABER GLEICHE RECHTE HABEN.

OLEG SENTSOV Ukraine *1976

Regisseur. Dokumentarfilmer. Sacharow-Preisträger für Menschenrechte des Europäischen Parlaments 2018.

Oleg Sentsov wurde 2014 auf der Krim im Zuge des russischen Einmarsches vom russischen Geheimdienst verhaftet, nach Moskau ausgeflogen und dort 2015 in einem Schauprozess zu 20 Jahren Haft verurteilt. Nach Hungerstreik und vielen internationalen Protesten kehrte er im Rahmen eines Gefangenenaustauschs zwischen der Ukraine und Russland im September 2019 in die Ukraine zurück.

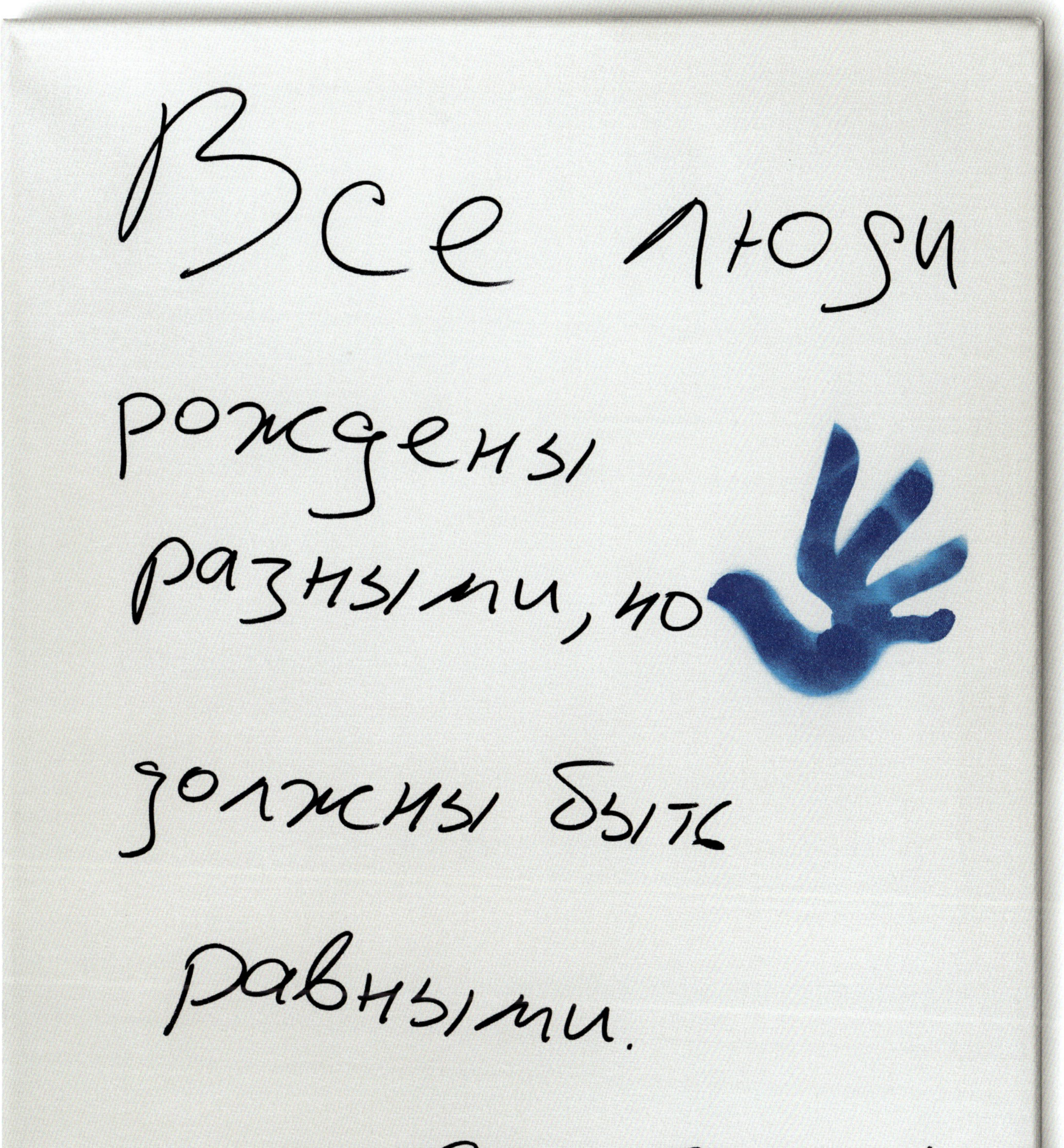

Oleg Sentsov

„

DIE MENSCHENRECHTE SIND DAS WICHTIGSTE ELEMENT DER MENSCHENWÜRDE UND DER MENSCHHEIT ALS WEG ZUR BESTIMMMUNG DES MENSCHEN.

ÖZGÜR MUMCU Türkei *1977
Journalist. Autor. Jurist.

Mumcu lehrt Internationales Recht an der Universität in Istanbul und schreibt für die türkische Zeitung „Cumhuriyet". 2016 nahm er stellvertretend für seine Kollegen bei „Cumhuriyet" den Alternativen Nobelpreis für das „furchtlose Eintreten für die Meinungsfreiheit in der Türkei" entgegen.

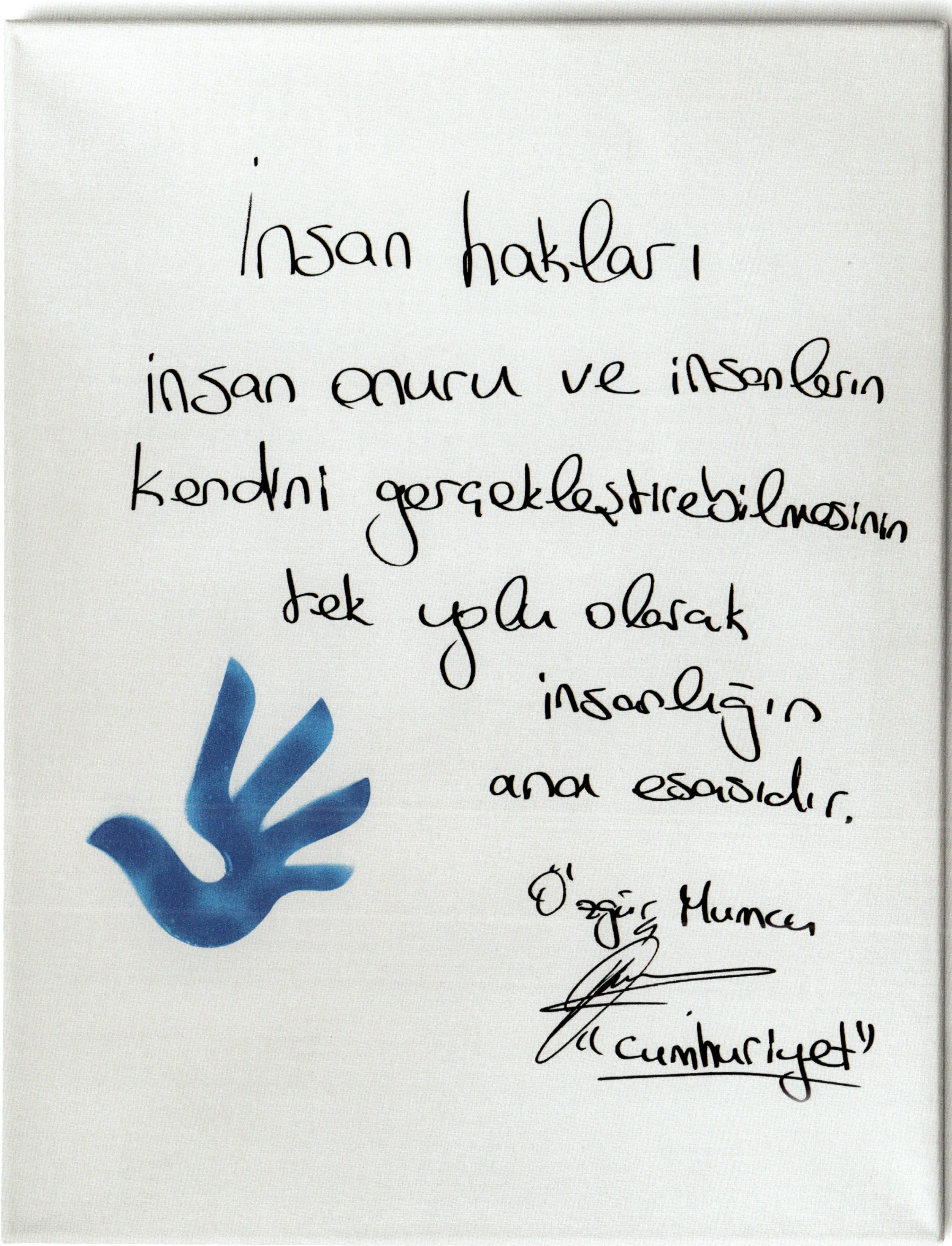
İnsan hakları
insan onuru ve insanların
kendini gerçekleştirebilmesinin
tek yolu olarak
insanlığın
ana esasıdır.
Özgür Mumcu
"Cumhuriyet"

Özgür Mumcu

„TIBETER IN TIBET WOLLEN MENSCHENRECHTE.

NYIMA LHAMO Tibet *1990
Tibetische Menschenrechtsverteidigerin.

Nichte des 2015 unter ungeklärten Umständen in chinesischer Haft zu Tode gekommenen tibetischen Mönchs Tenzin Delek Rinpoche. Sie setzt sich seit Jahren für die Rechte ihres von China unterdrückten Volkes ein.

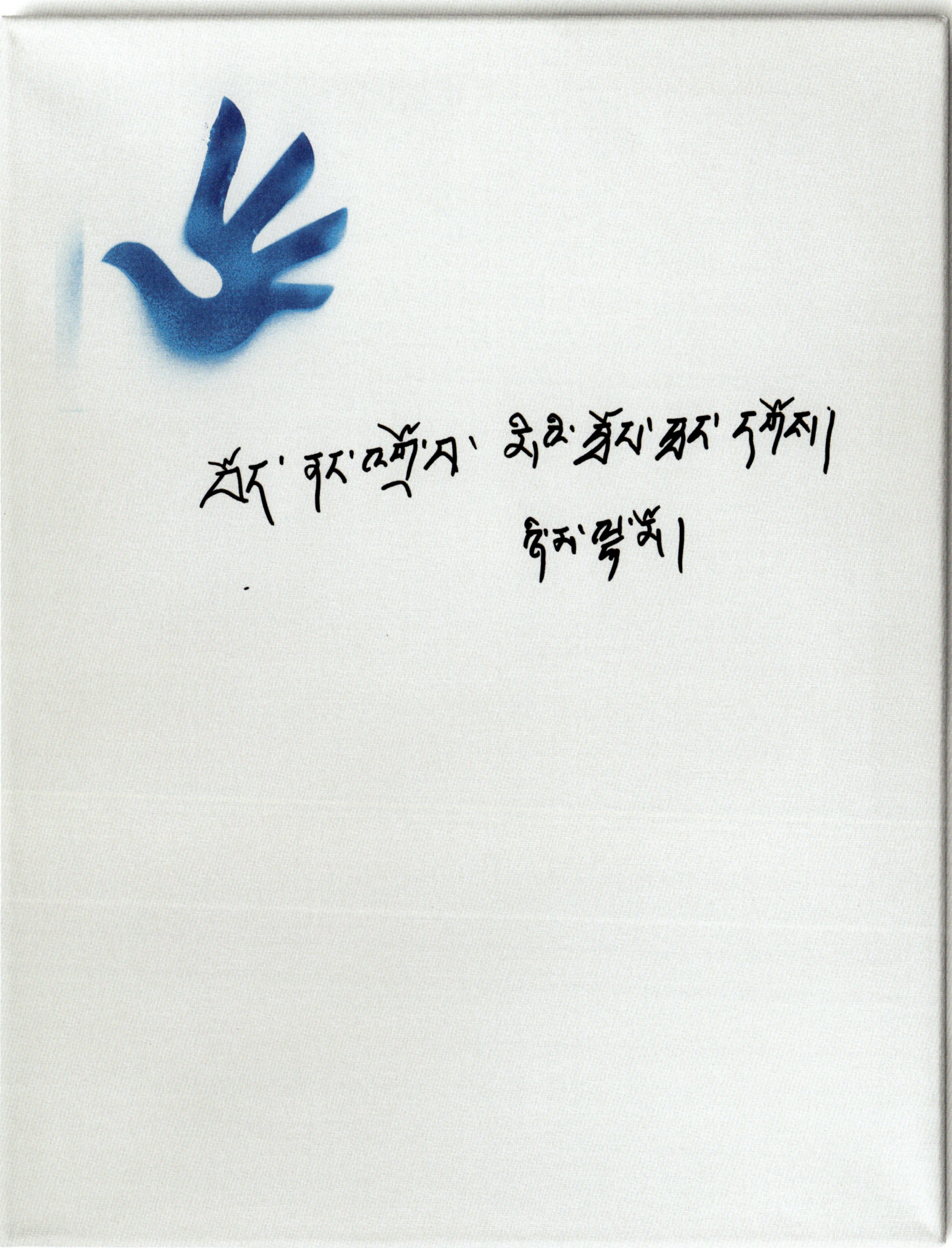

Nyima Lhamo

„DOPPELTE STANDARDS BEI MENSCHENRECHTEN UND RECHTSSTAATLICHKEIT SIND DIE VERNEINUNG DESSEN, WAS DIE EUROPÄISCHE DEMOKRATIE ZUM HOFFNUNGSTRÄGER FÜR DIE ZUKUNFT MACHT.

IDIL ESER Türkei *1963
Direktorin der türkischen Amnesty-Sektion.

Aus politischen Gründen im Juli 2017 auf einem Workshop von Amnesty International in der Türkei gemeinsam mit weiteren zehn Menschenrechtlern (darunter dem Deutschen Peter Steudtner) festgenommen und inhaftiert. Freilassung unter Auflagen im Oktober 2017.

Double standards in human rights and
rule of law is the negation of what makes
European democracy a beacon of hope for future
idil Eser

Idil Eser

„DER KRIEG HAT VIELE GESICHTER. MORD, TOD, GEWALT – AUCH MENSCHLICHKEIT UND SOLIDARITÄT. HASS FRISST DIE EIGENE SEELE AUF. MENSCHENRECHTE SIND IN DIR SELBST.

ERICH RATHFELDER Deutschland *1947
Journalist. Seit 1991 Balkan-Korrespondent. Buchautor.

Erich Rathfelders unerschrockene Berichte als Kriegsreporter über die blutigen Kriege in den 1990er Jahren auf dem Balkan, über die schlimme Wahrheit von Krieg und Vertreibung, die Auswirkungen auf die Menschen und Menschenwürde, haben Wirkung bei Lesern wie Politik hinterlassen.

Erich Rathfelder

„DER SOZIALE FRIEDEN BAUT AUF INKLUSION, GESPRÄCHE, RESPEKT VOR DEN MENSCHENRECHTEN UND DEN GLAUBEN AN DIE DEMOKRATIE.

THELMA ALDANA Guatemala *1955
Alternativer Nobelpreis 2018. Vorsitzende des Obersten Gerichts in Guatemala 2011/12. Generalstaatsanwältin 2014–18.

Vielfach ausgezeichnet für ihren Einsatz für die Rechte von Frauen und Minderheiten sowie ihren Kampf gegen Korruption. Aus Sicherheitsgründen lebt sie außerhalb des Landes, kämpft aber weiterhin unermüdlich insbesondere für die Rechte von Frauen und Minderheiten.

Thelma Aldana

„WENN EIN GESETZ DIE MENSCHENRECHTE VERLETZT,

SOLL MAN ES NICHT BEFOLGEN.

EIN SOLCHES GESETZ MUSS ABGESCHAFFT WERDEN.

SWETLANA GANNUSCHKINA Russland *1942
Mathematikerin. Menschenrechtlerin.

1990 Gründerin und Leiterin der ersten Menschenrechtsorganisation in der damaligen Sowjetunion, die „Bürgerunterstützung". 2002–2012 Mitglied der Kommission der Menschenrechte des Präsidenten der Russischen Föderation. Amnesty International Menschenrechtspreis 2003. Orden der Französischen Ehrenlegion 2010. Alternativer Nobelpreis 2016.

Swetlana Gannuschkina

„WER MENSCHEN RECHTE VERWEIGERT,

DER ENTMENSCHLICHT DAS RECHT.

STEFAN SCHWARZ Deutschland *1959

Ehemaliges Mitglied des Deutschen Bundestages. Ehrenbürger von Sarajevo (Bosnien-Herzegowina). Unterstützer Bosniens im Krieg 1992–95.

Mit seiner vielbeachteten Rede im Deutschen Bundestag am 10. Dezember 1992, dem Internationalen Tag der Menschenrechte, hat er aufgerüttelt, die Untätigkeit gegenüber dem Völkermord in Bosnien angeprangert und zum Handeln aufgefordert. Er ist Gründer des „European Balkan Institute" in Bonn. 1989/90 Berater der DDR-Bürgerrechtspartei „Demokratischer Aufbruch". Nach der Wahl in der DDR politischer Berater des Ministers für Abrüstung und Verteidigung bis zur Deutschen Einheit am 3. Oktober 1990.

Stefan Schwarz

„MASSENHAFT CHANCEN GNADENLOS VERGEIGT,

EWIGES EIS SCHMILZT UND ES SCHEINT SO,

ALS OB DER MEERESSPIEGEL STEIGT.

Liedtext aus Absurdistan

WOLFGANG NIEDECKEN Deutschland *1951
Musiker. Maler. Autor. Gründer und Frontsänger der Gruppe BAP.

Die große Popularität seiner Rockband BAP nutzt Wolfgang Niedecken immer wieder für gesellschaftliche und humanitäre Ziele. Seit 2004 ist er als Botschafter der Hilfsaktion „Gemeinsam für Afrika" aktiv. Mit „World Vision Deutschland" startete er das Projekt „Rebound" zur Re-Integration von ehemaligen Kindersoldaten und traumatisierten Kindern im Osten des Kongo. Niedecken war einer der Initiatoren des legendären Konzerts ARSCH HUH, ZÄNG USSENANDER 1992 gegen Rassismus und Ausländerfeindlichkeit.

Wolfgang Niedecken

„DEUTSCHE UND CHILENEN VERBINDET DIE ERINNERUNG AN SCHWERE MENSCHENRECHTSVERLETZUNGEN. DIESE VERGANGENHEIT KÖNNEN WIR NICHT ÄNDERN, ABER WIR HABEN DIE PFLICHT, EINE ZUKUNFT MIT WAHRHEIT UND GERECHTIGKEIT AUFZUBAUEN.

MARIA LUISA SEPÚLVEDA Chile *1948
Präsidentin der Stiftung Museo de la Memoria y los Derechos Humanos (Museum der Erinnerung und Menschenrechte) in Santiago de Chile.

Frühere Direktorin der „Valech-Kommission", die Menschenrechtsverletzungen in Chile während der Militärdiktatur von 1973–1990 untersuchte, darunter auch die berüchtigte „Colonia Dignidad" des Deutschen Paul Schäfer.

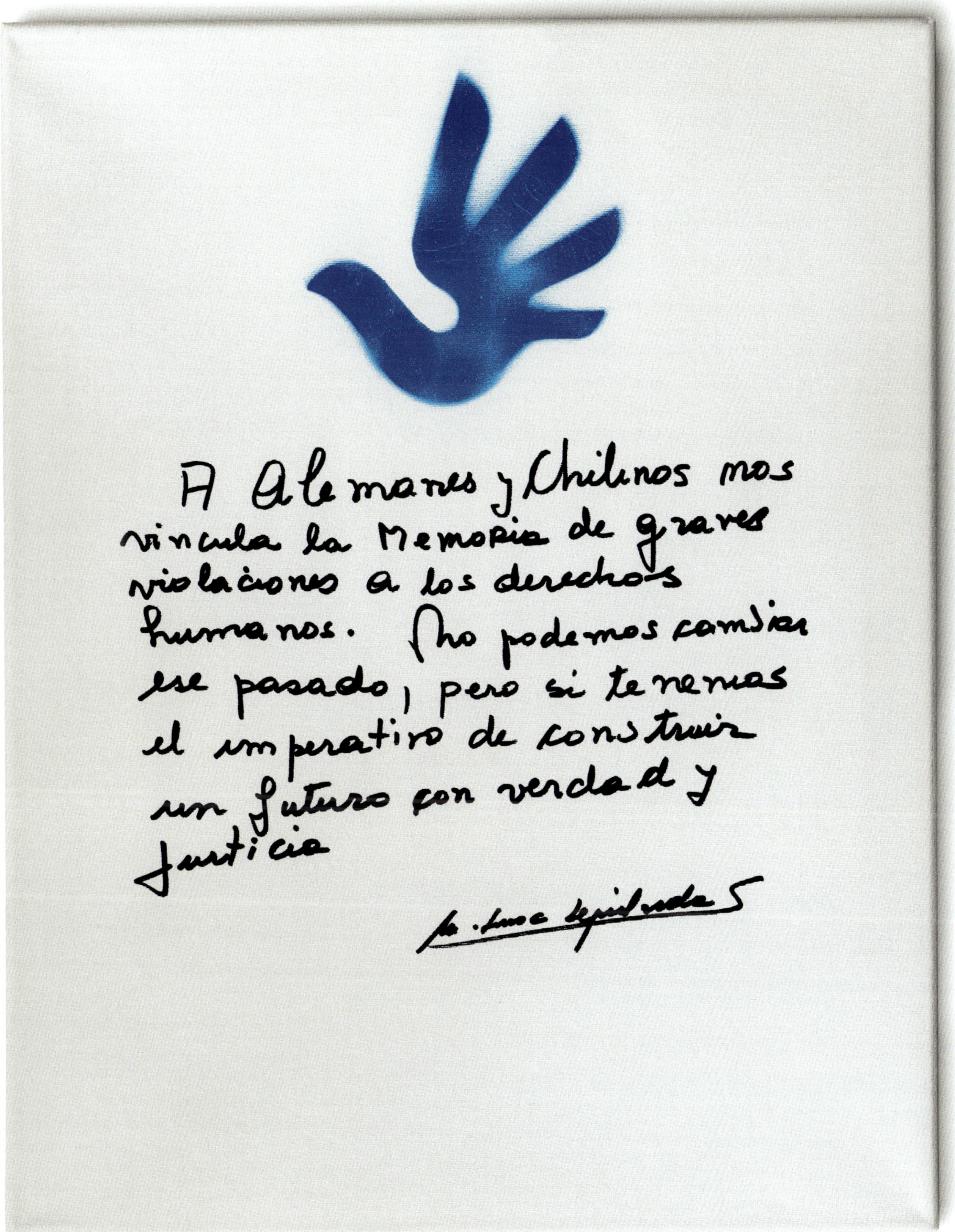

Maria Luisa Sepúlveda

IN MEMORIAM

Für die Verteidigung eines Landes mit menschlichen Werten, in dem sich zu leben lohnt, wurde der Kasseler Regierungspräsident Dr. Walter Lübcke von hasserfüllten Extremisten übel diffamiert und attackiert. Am 2. Juni 2019 wurde er heimtückisch ermordet. Es ist der erste Mord von Rechtsextremisten an einem Repräsentanten des Staates in der Geschichte der Bundesrepublik Deutschland.

Walter Lübcke war ein den Menschen zugewandter, freundlicher und sehr humorvoller Mensch. Er hat die Rechte aller Menschen verteidigt, weil er aus christlicher Überzeugung ein Verfechter der Grundrechte war. Seine klare Haltung und seinen fröhlichen Mut werden wir immer in bester Weise erinnern. Der Einsatz von Walter Lübcke ist Ansporn und Mahnung zur Verteidigung der Grundrechte aller Menschen.

DR. WALTER LÜBCKE Deutschland *1953
Mitglied des Hessischen Landtages 1999–2009.

Regierungspräsident Kassel 2009 bis zu seinem Tod am 2. Juni 2019. Träger der Wilhelm-Leuschner-Medaille des Landes Hessen (posthum).

„... ES LOHNT SICH, IN UNSEREM LAND ZU LEBEN.

DA MUSS MAN FÜR WERTE EINTRETEN ...

Walter Lübcke, 14. Oktober 2015

In Gedenken an Dr. Walter Lübcke

ERK

Z

MENS

UN

RECH

ÄRUNG

U

CHEN

D

TEN

DIE ALLGEMEINE ERKLÄRUNG DER MENSCHENRECHTE

Resolution 217 A (III) der Vereinten Nationen vom 10. Dezember 1948 | Originaltext in UN-Übersetzung

PRÄAMBEL

DA DIE ANERKENNUNG der angeborenen Würde und der gleichen und unveräußerlichen Rechte aller Mitglieder der Gemeinschaft der Menschen die Grundlage von Freiheit, Gerechtigkeit und Frieden in der Welt bildet,

DA DIE NICHTANERKENNUNG UND VERACHTUNG der Menschenrechte zu Akten der Barbarei geführt haben, die das Gewissen der Menschheit mit Empörung erfüllen, und da verkündet worden ist, daß einer Welt, in der die Menschen Rede- und Glaubensfreiheit und Freiheit von Furcht und Not genießen, das höchste Streben des Menschen gilt,

DA ES NOTWENDIG IST, die Menschenrechte durch die Herrschaft des Rechtes zu schützen, damit der Mensch nicht gezwungen wird, als letztes Mittel zum Aufstand gegen Tyrannei und Unterdrückung zu greifen,

DA ES NOTWENDIG IST, die Entwicklung freundschaftlicher Beziehungen zwischen den Nationen zu fördern,

DA DIE VÖLKER der Vereinten Nationen in der Charta ihren Glauben an die grundlegenden Menschenrechte, an die Würde und den Wert der menschlichen Person und an die Gleichberechtigung von Mann und Frau erneut bekräftigt und beschlossen haben, den sozialen Fortschritt und bessere Lebensbedingungen in größerer Freiheit zu fördern,

DA DIE MITGLIEDSTAATEN sich verpflichtet haben, in Zusammenarbeit mit den Vereinten Nationen auf die allgemeine Achtung und Einhaltung der Menschenrechte und Grundfreiheiten hinzuwirken,

DA EIN GEMEINSAMES VERSTÄNDNIS dieser Rechte und Freiheiten von größter Wichtigkeit für die volle Erfüllung dieser Verpflichtung ist,

VERKÜNDET DIE GENERALVERSAMMLUNG diese Allgemeine Erklärung der Menschenrechte als das von allen Völkern und Nationen zu erreichende gemeinsame Ideal, damit jeder einzelne und alle Organe der Gesellschaft sich diese Erklärung stets gegenwärtig halten und sich bemühen, durch Unterricht und Erziehung die Achtung vor diesen Rechten und Freiheiten zu fördern und durch fortschreitende nationale und internationale Maßnahmen ihre allgemeine und tatsächliche Anerkennung und Einhaltung durch die Bevölkerung der Mitgliedstaaten selbst wie auch durch die Bevölkerung der ihrer Hoheitsgewalt unterstehen den Gebiete zu gewährleisten.

ARTIKEL 1
Alle Menschen sind frei und gleich an Würde und Rechten geboren. Sie sind mit Vernunft und Gewissen begabt und sollen einander im Geiste der Brüderlichkeit begegnen.

ARTIKEL 2
Jeder hat Anspruch auf alle in dieser Erklärung verkündeten Rechte und Freiheiten, ohne irgendeinen Unterschied, etwa nach Rasse, Hautfarbe, Geschlecht, Sprache, Religion, politischer oder sonstiger Anschauung, nationaler oder sozialer Herkunft, Vermögen, Geburt oder sonstigem Stand.
Des weiteren darf kein Unterschied gemacht werden auf Grund der politischen, rechtlichen oder internationalen Stellung des Landes oder Gebietes, dem eine Person angehört, gleichgültig ob dieses unabhängig ist, unter Treuhandschaft steht, keine Selbstregierung besitzt oder sonst in seiner Souveränität eingeschränkt ist.

ARTIKEL 3
Jeder hat das Recht auf Leben, Freiheit und Sicherheit der Person.

ARTIKEL 4
Niemand darf in Sklaverei oder Leibeigenschaft gehalten werden; Sklaverei und Sklavenhandel in allen ihren Formen sind verboten.

ARTIKEL 5
Niemand darf der Folter oder grausamer, unmenschlicher oder erniedrigender Behandlung oder Strafe unterworfen werden.

ARTIKEL 6
Jeder hat das Recht, überall als rechtsfähig anerkannt zu werden.

ARTIKEL 7
Alle Menschen sind vor dem Gesetz gleich und haben ohne Unter schied Anspruch auf gleichen Schutz durch das Gesetz. Alle haben Anspruch auf gleichen Schutz gegen jede Diskriminierung, die gegen diese Erklärung verstößt, und gegen jede Aufhetzung zu einer derartigen Diskriminierung.

ARTIKEL 8
Jeder hat Anspruch auf einen wirksamen Rechtsbehelf bei den zuständigen innerstaatlichen Gerichten gegen Handlungen, durch die seine ihm nach der Verfassung oder nach dem Gesetz zustehen den Grundrechte verletzt werden.

ARTIKEL 9
Niemand darf willkürlich festgenommen, in Haft gehalten oder des Landes verwiesen werden.

ARTIKEL 10
Jeder hat bei der Feststellung seiner Rechte und Pflichten sowie bei einer gegen ihn erhobenen strafrechtlichen Beschuldigung in voller Gleichheit Anspruch auf ein gerechtes und öffentliches Verfahren vor einem unabhängigen und unparteiischen Gericht.

ARTIKEL 11
(1) Jeder, der einer strafbaren Handlung beschuldigt wird, hat das Recht, als unschuldig zu gelten, solange seine Schuld nicht in einem öffentlichen Verfahren, in dem er alle für seine Verteidigung notwendigen Garantien gehabt hat, gemäß dem Gesetz nachgewiesen ist.
(2) Niemand darf wegen einer Handlung oder Unterlassung verurteilt werden, die zur Zeit ihrer Begehung nach innerstaatlichem oder internationalem Recht nicht strafbar war. Ebenso darf keine schwerere Strafe als die zum Zeitpunkt der Begehung der strafbaren Handlung angedrohte Strafe verhängt werden.

ARTIKEL 12
Niemand darf willkürlichen Eingriffen in sein Privatleben, seine Familie, seine Wohnung und seinen Schriftverkehr oder Beeinträchtigungen seiner Ehre und seines Rufes ausgesetzt werden. Jeder hat Anspruch auf rechtlichen Schutz gegen solche Eingriffe oder Beeinträchtigungen.

ARTIKEL 13
(1) Jeder hat das Recht, sich innerhalb eines Staates frei zu bewegen und seinen Aufenthaltsort frei zu wählen.
(2) Jeder hat das Recht, jedes Land, einschließlich seines eigenen, zu verlassen und in sein Land zurückzukehren.

Allgemeine Erklärung der Menschenrechte als das von allen Völkern und Nationen zu erreichende gemeinsame Ideal.

ARTIKEL 14

(1) Jeder hat das Recht, in anderen Ländern vor Verfolgung Asyl zu suchen und zu genießen.
(2) Dieses Recht kann nicht in Anspruch genommen werden im Falle einer Strafverfolgung, die tatsächlich auf Grund von Verbrechen nichtpolitischer Art oder auf Grund von Handlungen erfolgt, die gegen die Ziele und Grundsätze der Vereinten Nationen verstoßen.

ARTIKEL 15

(1) Jeder hat das Recht auf eine Staatsangehörigkeit.
(2) Niemandem darf seine Staatsangehörigkeit willkürlich entzogen noch das Recht versagt werden, seine Staatsangehörigkeit zu wechseln.

ARTIKEL 16

(1) Heiratsfähige Männer und Frauen haben ohne jede Beschränkung auf Grund der Rasse, der Staatsangehörigkeit oder der Religion das Recht, zu heiraten und eine Familie zu gründen. Sie haben bei der Eheschließung, während der Ehe und bei deren Auflösung gleiche Rechte.
(2) Eine Ehe darf nur bei freier und uneingeschränkter Willenseinigung der künftigen Ehegatten geschlossen werden.
(3) Die Familie ist die natürliche Grundeinheit der Gesellschaft und hat Anspruch auf Schutz durch Gesellschaft und Staat.

ARTIKEL 17

(1) Jeder hat das Recht, sowohl allein als auch in Gemeinschaft mit anderen Eigentum innezuhaben.
(2) Niemand darf willkürlich seines Eigentums beraubt werden.

ARTIKEL 18

Jeder hat das Recht auf Gedanken-, Gewissens- und Religionsfreiheit; dieses Recht schließt die Freiheit ein, seine Religion oder seine Weltanschauung zu wechseln, sowie die Freiheit, seine Religion oder seine Weltanschauung allein oder in Gemeinschaft mit anderen, öffentlich oder privat durch Lehre, Ausübung, Gottesdienst und Kulthandlungen zu bekennen.

ARTIKEL 19

Jeder hat das Recht auf Meinungsfreiheit und freie Meinungsäußerung; dieses Recht schließt die Freiheit ein, Meinungen ungehindert anzuhängen sowie über Medien jeder Art und ohne Rücksicht auf Grenzen Informationen und Gedankengut zu suchen, zu empfangen und zu verbreiten.

ARTIKEL 20

(1) Alle Menschen haben das Recht, sich friedlich zu versammeln und zu Vereinigungen zusammenzuschließen.
(2) Niemand darf gezwungen werden, einer Vereinigung anzuge hören.

ARTIKEL 21

(1) Jeder hat das Recht, an der Gestaltung der öffentlichen Angelegenheiten seines Landes unmittelbar oder durch frei gewählte Vertreter mitzuwirken.
(2) Jeder hat das Recht auf gleichen Zugang zu öffentlichen Ämtern in seinem Lande.
(3) Der Wille des Volkes bildet die Grundlage für die Autorität der öffentlichen Gewalt; dieser Wille muss durch regelmäßige, unverfälschte, allgemeine und gleiche Wahlen mit geheimer Stimmab gabe oder einem gleichwertigen freien Wahlverfahren zum Ausdruck kommen.

ARTIKEL 22

Jeder hat als Mitglied der Gesellschaft das Recht auf soziale Sicherheit und Anspruch darauf, durch innerstaatliche Maßnahmen und internationale Zusammenarbeit sowie unter Berücksichtigung der Organisation und der Mittel jedes Staates in den Genuss der wirtschaftlichen, sozialen und kulturellen Rechte zu gelangen, die für seine Würde und die freie Entwicklung seiner Persönlichkeit unentbehrlich sind.

ARTIKEL 23

(1) Jeder hat das Recht auf Arbeit, auf freie Berufswahl, auf gerechte und befriedigende Arbeitsbedingungen sowie auf Schutz vor Arbeitslosigkeit.
(2) Jeder, ohne Unterschied, hat das Recht auf gleichen Lohn für gle iche Arbeit.
(3) Jeder, der arbeitet, hat das Recht auf gerechte und befriedigende Entlohnung, die ihm

und seiner Familie eine der menschlichen Würde entsprechende Existenz sichert, gegebenenfalls ergänzt durch andere soziale Schutzmaßnahmen.
(4) Jeder hat das Recht, zum Schutze seiner Interessen Gewerkschaften zu bilden und solchen beizutreten.

ARTIKEL 24

Jeder hat das Recht auf Erholung und Freizeit und insbesondere auf eine vernünftige Begrenzung der Arbeitszeit und regelmäßigen bezahlten Urlaub.

ARTIKEL 25

(1) Jeder hat das Recht auf einen Lebensstandard, der seine und seiner Familie Gesundheit und Wohl gewährleistet, einschließlich Nahrung, Kleidung, Wohnung, ärztliche Versorgung und notwendige soziale Leistungen, sowie das Recht auf Sicherheit im Falle von Arbeitslosigkeit, Krankheit, Invalidität oder Verwitwung, im Alter sowie bei anderweitigem Verlust seiner Unterhaltsmittel durch unverschuldete Umstände.
(2) Mütter und Kinder haben Anspruch auf besondere Fürsorge und Unterstützung. Alle Kinder, eheliche wie außereheliche, genießen den gleichen sozialen Schutz.

ARTIKEL 26

(1) Jeder hat das Recht auf Bildung. Die Bildung ist unentgeltlich, zum mindesten der Grundschulunterricht und die grundlegende Bildung. Der Grundschulunterricht ist obligatorisch. Fach- und Berufsschulunterricht müssen allgemein verfügbar gemacht werden, und der Hochschulunterricht muss allen gleichermaßen entsprechend ihren Fähigkeiten offenstehen.
(2) Die Bildung muss auf die volle Entfaltung der menschlichen Persönlichkeit und auf die Stärkung der Achtung vor den Menschenrechten und Grundfreiheiten gerichtet sein. Sie muss zu Verständnis, Toleranz und Freundschaft zwischen allen Nationen und allen rassischen oder religiösen Gruppen beitragen und der Tätigkeit der Vereinten Nationen für die Wahrung des Friedens förderlich sein.
(3) Die Eltern haben ein vorrangiges Recht, die Art der Bildung zu wählen, die ihren Kindern zuteil werden soll.

ARTIKEL 27

(1) Jeder hat das Recht, am kulturellen Leben der Gemeinschaft frei teilzunehmen, sich an den Künsten zu erfreuen und am wissenschaftlichen Fortschritt und dessen Errungenschaften teilzuhaben.
(2) Jeder hat das Recht auf Schutz der geistigen und materiellen Interessen, die ihm als Urheber von Werken der Wissenschaft, Literatur oder Kunst erwachsen.

ARTIKEL 28

Jeder hat Anspruch auf eine soziale und internationale Ordnung, in der die in dieser Erklärung verkündeten Rechte und Freiheiten voll verwirklicht werden können.

ARTIKEL 29

(1) Jeder hat Pflichten gegenüber der Gemeinschaft, in der allein die freie und volle Entfaltung seiner Persönlichkeit möglich ist.
(2) Jeder ist bei der Ausübung seiner Rechte und Freiheiten nur den Beschränkungen unterworfen, die das Gesetz ausschließlich zu dem Zweck vorsieht, die Anerkennung und Achtung der Rechte und Freiheiten anderer zu sichern und den gerechten Anforderungen der Moral, der öffentlichen Ordnung und des allgemeinen Wohles in ein er demokratischen Gesellschaft zu genügen.
(3) Diese Rechte und Freiheiten dürfen in keinem Fall im Widerspruch zu den Zielen und Grundsätzen der Vereinten Nationen ausgeübt werden.

ARTIKEL 30

Keine Bestimmung dieser Erklärung darf dahin ausgelegt werden, dass sie für einen Staat, eine Gruppe oder eine Person irgendein Recht begründet, eine Tätigkeit auszuüben oder eine Handlung zu begehen, welche die Beseitigung der in dieser Erklärung verkündeten Rechte und Freiheiten zum Ziel hat.

Allgemeine Erklärung der Menschen-Rechte

Seit 70 Jahren gibt es sie

Am 10. Dezember war ein Jubiläum. Und zwar von einem wichtigen Text. Der Text hat den Titel: Allgemeine Erklärung der Menschen-Rechte. Er wurde im Jahr 1948 veröffentlicht. Dieses Jahr wird er also 70 Jahre alt. Im Folgenden steht mehr dazu.

Was sind Menschen-Rechte?

Menschen-Rechte sind Rechte, die jeder Mensch auf der Welt hat. Er muss dafür nichts tun. Er hat sie einfach, weil er ein Mensch ist. Das bedeutet auch: Man kann niemandem seine Menschen-Rechte wegnehmen. Und man darf sie nur in ganz bestimmten Fällen einschränken.

* Erklärung zur Entstehung des Textes in leichter Sprache: siehe Seite 101.

Die Idee von Menschen-Rechten gibt es schon lange. In den letzten 250 Jahren wurden in vielen Ländern Menschen-Rechte aufgeschrieben. Trotzdem gab es immer wieder Missachtungen von Menschen-Rechten.

Die Welt-Kriege

Im letzten Jahrhundert gab es 2 große Kriege. Den 1. Welt-Krieg in den Jahren 1914 bis 1918. Den 2. Welt-Krieg in den Jahren 1939 bis 1945. In beiden Kriegen kämpften viele Länder auf der ganzen Welt gegeneinander. Beide Kriege hatten furchtbare Folgen. Viele Städte wurden zerstört. Viele Menschen starben. Und viele Menschen mussten leiden.

Darum haben danach viele Menschen gesagt: So etwas darf nie wieder passieren. Es muss neue Regeln geben. Die Länder sollen Streitigkeiten friedlich regeln. Den Menschen auf der Welt soll es besser gehen. Und Menschen-Rechte müssen besser beachtet werden.

Die Vereinten Nationen

Dafür haben die Länder auf der Welt eine Vereinigung gegründet. Und zwar im Jahr 1945. Ihr Name lautet: Vereinte Nationen. Viel öfter liest man aber die Abkürzungen: UN oder UNO. Im Rest dieses Textes wird die Abkürzung UN verwendet. Bei ihrer Gründung bestand die UN aus 51 Ländern. Heute sind es 193. Also fast alle Länder auf der Welt.

Die UN hat verschiedene Ziele.
Zum Beispiel:

- Es soll keine Kriege auf der Welt geben.
- Alle Menschen sollen genug zu essen haben.
- Alle Kinder sollen zur Schule gehen können.

Und eines der wichtigsten Ziele von der UN ist: Die Menschen-Rechte sollen auf der ganzen Welt beachtet werden.

Die Allgemeine Erklärung der Menschen-Rechte

Um die Menschen-Rechte zu schützen, musste man sie zuerst einmal aufschreiben. Es wurde also eine Arbeits-Gruppe zusammengestellt. In der Gruppe arbeiteten 18 Personen mit. Die Leitung hatte Eleanor Roosevelt. Das war die Frau vom ehemaligen Präsidenten der USA, Franklin D. Roosevelt. Sie war eine wichtige Politikerin von der UN.

Die Arbeits-Gruppe traf sich zum ersten Mal im Januar 1947. Die Arbeit war nicht einfach. Denn: Die unterschiedlichen UN-Länder wollten unterschiedliche Dinge in dem Text haben. Sie waren sich nicht einig, welche Menschen-Rechte genau in dem Text stehen sollten. Die Arbeits-Gruppe musste also einen Text schreiben, mit dem alle zufrieden waren.

Am 10. Dezember 1948 gab es dann eine Abstimmung über den Text. 56 Länder durften abstimmen. 48 haben für die Erklärung gestimmt. 0 waren dagegen. 8 haben sich enthalten. Damit war die Erklärung der Menschen-Rechte angenommen. Darum ist der 10. Dezember heute ein Gedenk-Tag.
Er hat den Namen: Internationaler Tag der Menschen-Rechte.

Was steht in der Erklärung?
Die Erklärung besteht aus 30 Punkten. Folgende Dinge stehen zum Beispiel darin:

- Die Menschen-Rechte gelten für alle Menschen auf der Welt. Folgende Dinge sind dabei zum Beispiel ganz egal: Haut-Farbe, Geschlecht, Religion oder wie viel Geld man hat.
- Jeder Mensch hat das Recht, frei und in Sicherheit zu leben.
- Gesetze in einem Land müssen für alle Menschen gelten, die dort leben.
- Kein Mensch darf ohne Grund in ein Gefängnis gesperrt werden.
- Jeder Mensch darf in seinem Land herumreisen. Und jeder Mensch darf aus seinem Land ausreisen.
- Man darf niemandem einfach so seinen Besitz wegnehmen.
- Jeder Mensch hat das Recht, seine Meinung zu sagen. Dafür darf man ihn nicht bestrafen.
- Jeder Mensch hat das Recht, bei Wahlen mitzumachen. Als Wähler. Und auch als Bewerber.
- Jeder hat das Recht, zur Schule zu gehen.

Auswirkungen

Die Erklärung der Menschen-Rechte ist kein Gesetz. Das bedeutet: Man kann sie nicht vor einem Gericht einklagen. Und wer gegen die Erklärung verstößt, wird dafür nicht bestraft.

Aber:
Die Erklärung der Menschen-Rechte ist die Vorlage für verschiedene Gesetze. Und für verschiedene Abmachungen zwischen Ländern. In vielen Ländern auf der Welt müssen also Menschen-Rechte eingehalten werden.

Wie werden die Menschen-Rechte überprüft?

Menschen-Rechte gelten also auf der ganzen Welt. Die Länder auf der Welt halten sich unterschiedlich gut an diese Rechte.

Manche halten sich sehr gut daran. Und andere sehr schlecht. Es gibt verschiedene Arten, wie die Menschen-Rechte durchgesetzt werden. Im Folgenden ein paar Beispiele:

1. Durchsetzung durch die Länder

Jedes Land auf der Welt ist erst einmal selbst für die Einhaltung von Menschen-Rechten zuständig. Die Länder treffen schriftliche Abmachungen miteinander. Darin sagen sie: Sie werden die Menschen-Rechte einhalten. Sie müssen dann Gesetze machen, damit das auch tatsächlich passiert. Wenn diese Gesetze gebrochen werden, kann man in einem Land vor ein Gericht gehen.

2. Durchsetzung durch die UN

Die UN hat verschiedene Gruppen, die die Länder überwachen. Sie achten darauf, ob sich die Länder an die Abmachungen halten.

Wichtige Gruppen sind zum Beispiel die sogenannten UN-Vertragsorgane. Das sind Experten-Gruppen. Die Länder müssen ihnen regelmäßig Berichte schicken. Darin müssen sie erklären, wie sie die Menschen-Rechte beachtet haben. Leute können auch Beschwerden an die Experten-Gruppen schicken. Und zwar wenn Menschen-Rechte missachtet wurden. Die Experten erklären den Ländern dann, wie sie die Menschen-Rechte besser beachten können. Bestrafen kann die UN Länder, die Menschen-Rechte missachten, aber kaum.

3. Durchsetzung durch Menschenrechts-Organisationen

Menschenrechts-Organisationen beobachten ganz genau, wie gut sich die Länder auf der Welt an die Menschen-Rechte halten. Solche Organisationen sind zum Beispiel:

- Amnesty International
  Das spricht man so:
  Emmnestie Internäschenell
- Human Rights Watch
  Das spricht man so:
  Jumenn Reits Wottsch
- Freedom House
  Das spricht man so:
  Friedemm Haus
- Reporter ohne Grenzen

Diese Gruppen machen verschiedene Dinge, um die Menschen-Rechte zu schützen.
Zum Beispiel:

- Sie sammeln Infos über die Verletzung von Menschen-Rechten. Und sie machen diese Infos öffentlich.
  Dann weiß jeder, welches Land Menschen-Rechte verletzt.
- Sie schicken Berichte an die UN. Damit diese sich um die Missachtung von Menschen-Rechten kümmert.
- Sie machen Aktionen gegen die Missachtung von Menschen-Rechten.

- Sie helfen Menschen, deren Menschen-Rechte missachtet wurden.

Ein wichtiger Text

Menschen-Rechte sind eine wichtige Erfindung. Sie können das Leben für Menschen auf der ganzen Welt besser machen. Auch wenn sie nicht immer beachtet werden. Sie aufzuschreiben war ein wichtiger Schritt. Darum ist die Allgemeine Erklärung der Menschen-Rechte ein so wichtiger Text.

Dieser Text wurde in Leichte Sprache übersetzt vom:

Nachrichten Werk

www.nachrichtenwerk.de

Weitere Informationen in Leichter Sprache gibt es unter: www.bundestag.de/leichte_sprache

Ratgeber Leichte Sprache: http://tny.de/PEYPP

Seite 88-93: Nachdruck von „Leicht erklärt! Informationen in Leichter Sprache. Ausgabe Nr. 108. Allgemeine Erklärung der Menschenrechte. Seit 70 Jahren gibt es sie, Beilage in: DEUTSCHER BUNDESTAG: Das Parlament Nr. 51-52/2018, Berlin: 2018." mit freundlicher Genehmigung des Herausgebers. Das Layout wurde für dieses Buch angepasst.

BUNDESTAGSREDE ZUM 70. JAHRESTAG DER ALLGEMEINEN ERKLÄRUNG DER MENSCHENRECHTE

DEUTSCHER BUNDESTAG | 13.12.2018 | LEICHT GEKÜRZTE FASSUNG

Die blau eingefärbten Text-Passagen der nebenstehenden Bundestagsrede von Michael Brand sind ab Seite 98 in Leichter Sprache dargestellt.

**FRAU PRÄSIDENTIN!
LIEBE KOLLEGINNEN UND KOLLEGEN!**

Was war das eigentlich für eine revolutionäre Vision: nach den beiden Weltkriegen eine neue Weltordnung, gegründet auf den Rechten der Menschen, auf den Weg zu bringen!

Die Welt hat mit der Allgemeinen Erklärung der Menschenrechte eine universale Antwort auf die globalen Kriege gegeben. Wir haben als Staatengemeinschaft eine Antwort gegeben auf die Frage, was der Mensch an unveräußerlichen Rechten hat und welche Ziele sich die Menschheit setzen soll.

Damit hat die Welt auch Grenzen festgelegt für das, was der Mensch dem Menschen zumuten darf und was nicht. Diese Grenzen sind in den letzten Jahren massiv unter Druck geraten. Zur Ängstlichkeit gibt es keinen Grund, schon gar nicht zum Wegducken; denn wir haben in der Tat gewaltige Erfolge vorzuweisen. Wir haben in den letzten Jahrzehnten der universellen Bedeutung der Menschenrechte weltweit immer mehr Geltung verschafft. Die Kodifizierung von Menschenrechten war nicht weniger als die echte Globalisierung von Grundrechten.

Selbst in Ländern, in denen brutale Diktatoren herrschten, haben wir unter Berufung auf die UN-Menschenrechtscharta in vielen Einzelfällen und insgesamt Millionen Menschen dabei geholfen, sich gegen autoritäre und brutale Regime besser zu wehren, ihre Rechte besser durchsetzen zu können.

Dabei sind wir nicht blind: Wir sehen Menschenrechtsverletzungen auf der radikalen Seite von links, auf der radikalen Seite von rechts, auf der islamistischen Seite und auf der nationalistischen Seite. Hier gilt der alte Satz: Wir sind auf keinem Auge blind!

Allerdings müssen wir wachsam bleiben. Wir befinden uns international in einer akuten Phase, in der autoritäre Herrscher und autoritäre Staaten stärker als zuvor versuchen, die freiheitliche Gesellschaft zu beschränken, zu bekämpfen und sogar zu vernichten.

Es ist ein schreiendes Alarmsignal, dass inzwischen sicher geglaubte Standards für Menschenrechte auf internationalem Parkett ganz offen oder scheibchenweise infrage gestellt oder mit Füßen getreten werden, ob in Russland, in China, der Türkei oder selbst von Mitgliedstaaten der Europäischen Union. Wie ein Krebsgeschwür breiten sich vieler-

Freiheit und Menschenrechte müssen jeden Tag, jede Woche und jedes Jahr verteidigt und gefestigt werden.

orts massive Einschränkungen von Rechtsstaat, von Zivilgesellschaft, von Medien aus. Wir müssen die Mutigen, die sich dagegen wehren, unterstützen. Die Einschränkung der Religionsfreiheit, die Sicherheitsgesetze als Vorwand für den totalen Überwachungsstaat wie in China sowie wachsender Populismus und Rassismus auch in Europa bedrohen den Konsens über den Schutz von universellen Menschenrechten.

Der Kampf gegen die Freiheit und die Menschenrechte findet heute nicht nur mit Armee, Polizei oder Zensur statt. Der Kampf gegen Freiheit und Menschenrechte, wie sie in der Charta der Vereinten Nationen von allen Staaten der Erde formal anerkannt werden, hat sich in einen hybriden Krieg mit Mitteln der digitalen Propaganda und der Versuche zur Umdeutung von Freiheit und Menschenrechten verwandelt.

Nicht dass das für uns neu wäre: Alle von uns, die Diktatur, Teilung und Repression auf der anderen Seite des Eisernen Vorhangs oder von Militärdiktaturen überall auf der Welt kennen, wissen: Freiheit und Menschenrechte müssen in der Tat jeden Tag, jede Woche und jedes Jahr verteidigt und gefestigt werden.

So ist dieser Jahrestag kein Tag der übergroßen Freude, allerdings ist er ein Tag der Freude. Er ist kein Tag des Triumphs, sondern es ist ein Tag der Erinnerung. Jahrestage wie diese ermahnen uns alle daran, dass wir diese ungeheure neue Qualität an Menschlichkeit und Würde nicht umsonst geschenkt bekommen haben.

Wir müssen uns gerade als die, die in der privilegierten Welt, der Freiheit, leben, dieser Freiheit und dieser Menschenwürde als würdig erweisen. Wir erweisen uns dieser Rechte als würdig, wenn wir nicht so tun, als wären sie selbstverständlich, wenn wir nicht so tun, als wären wir weltweit in der Minderheit und als würde unsere Freiheit und die Menschenrechte nicht durch Autokraten und Hetzer gefährdet. Wir erweisen uns dieser Rechte als würdig, wenn wir im Rahmen unserer Möglichkeiten aktiv auch für die Rechte aller Menschen eintreten. „Aller Menschen" bedeutet, dass wir die Freiheit nicht denjenigen absprechen, die nicht so sind wie wir. Menschenrechte gelten universal.

Sie gelten für Deutsche wie für Nichtdeutsche. Sie gelten für Christen wie für Muslime, für Buddhisten, für Juden, für Sikhs und für Agnostiker.

Die Auseinandersetzung hat sich in einen hybriden Krieg mit Mitteln der digitalen Propaganda und der Versuche zur Umdeutung von Freiheit und Menschenrechten verwandelt.

Ja, die grundlegenden Menschenrechte, die jedem Menschen zu eigen sind und die ihm nicht abgesprochen werden können, gelten für Demokraten wie für Antidemokraten, für Angeklagte und Ankläger, für Opfer und Täter, für Friedfertige wie für Hetzer. Sie gelten selbst für diejenigen, die Menschenrechte abschaffen oder einengen wollen, wie für eine ganze Reihe von Hetzern und Funktionären auf der rechten und linken Seite. Die Menschenrechte sind für uns als CDU/CSU vor allem aus dem C und unseren Grundwerten abgeleitet. Wir kennen die Erfahrung, dass Menschlichkeit und Toleranz diejenigen provozieren, die Hetze und Agitation als einfache Lösungen betrachten und die Mühe des menschlichen Miteinanders nicht auf sich nehmen wollen.

Wo menschliches Miteinander und Menschenrechte durch Ideologie, Intoleranz und Repression unterdrückt oder gar aggressiv ausgerottet werden sollen, ist die Unterdrückung und Vernichtung der Menschen selbst nicht mehr weit.

Die Brutalität der Feinde der Menschenrechte in Wort und Tat haben wir alle vor Augen. Der brutale syrische Verbrecher wie sein ebenfalls brutaler engster Alliierter in Moskau sind keine Freunde der Menschen, sie sind erklärte und praktizierende Feinde der Menschenrechte, nicht nur in Syrien. Der salafistische saudische Kronprinz musste nicht erst mit dem brutalen Mord an dem Publizisten Kashoggi ausgerechnet in einer diplomatischen Mission beweisen, zu welcher brutalen Verletzung der Menschenrechte er offenkundig mit einem Wimpernzucken bereit ist.

Der selbst für dortige Verhältnisse ungewöhnlich brutale Krieg im Jemen unter der Führung des saudischen Regimes mit entsetzlichen Folgen für die Zivilbevölkerung zeigt, wes Geistes Kind dieses Regime ist, das nicht nur Öl, sondern auch Salafismus, Indoktrination und Gewalt exportiert.

Der Regisseur Oleg Senzow wurde Opfer der erklärten Feindschaft des russischen Präsidenten. Er sitzt ohne Grund und unschuldig in russischer Haft. Autoritäre Führer haben Angst vor Menschenrechten. Sie haben Angst davor, dass dieser Bazillus der Freiheit und der Menschenrechte ihre Macht, ihr Geld und ihre Geltung gefährden könnte. Dass sie zu solch brutalen Methoden greifen, ist doch ein Beleg für die Wirkung der Menschenrechte und der Kämpfer für Menschenrechte. Seit dem Mittelalter wissen die Despoten und Diktatoren, dass die Menschenrechte sich auf Dauer nicht unterdrücken lassen. Sie können immer nur versuchen, einzelne Exempel zu statuieren, um Angst zu verbreiten. Dabei schaffen sie nur neue Märtyrer für die Menschenrechte.

Ich komme zum Schluss: Was bedeutet es für uns, die wir für Menschenrechte in den Kampf ziehen? Es bedeutet, dass wir nicht am Ende der ideologischen Auseinandersetzung angekommen sind. In der Zeit der Globalisierung haben sich auch die Gegner einer freiheitlichen Gesellschaft internationalisiert. Die Rollen sind klar verteilt. Die einen sind Dirigenten und die anderen die nützlichen Idioten. Putin ist einer der Dirigenten, Herr Gauland und Frau Weidel sind es nicht, Frau Le Pen und Herr Wilders sind es auch nicht.

Am 70. Jahrestag der Erklärung der Menschenrechte, diesem unendlich wichtigen und wertvollen Dokument der Menschheitsgeschichte, sollten wir als Deutscher Bundestag, als Mehrheit derer, die die Menschenrechte für den fundamentalen Wert einer Gesellschaft schlechthin halten, aufhören, mit den Feinden der Menschenrechte zu sanft umzugehen – heute und jeden Tag.

Das Grundgesetz von 1949 bekennt sich in Artikel 1 zu „unverletzlichen und unveräußerlichen Menschenrechten als Grundlage jeder menschlichen Gemeinschaft, des Friedens und der Gerechtigkeit in der Welt".

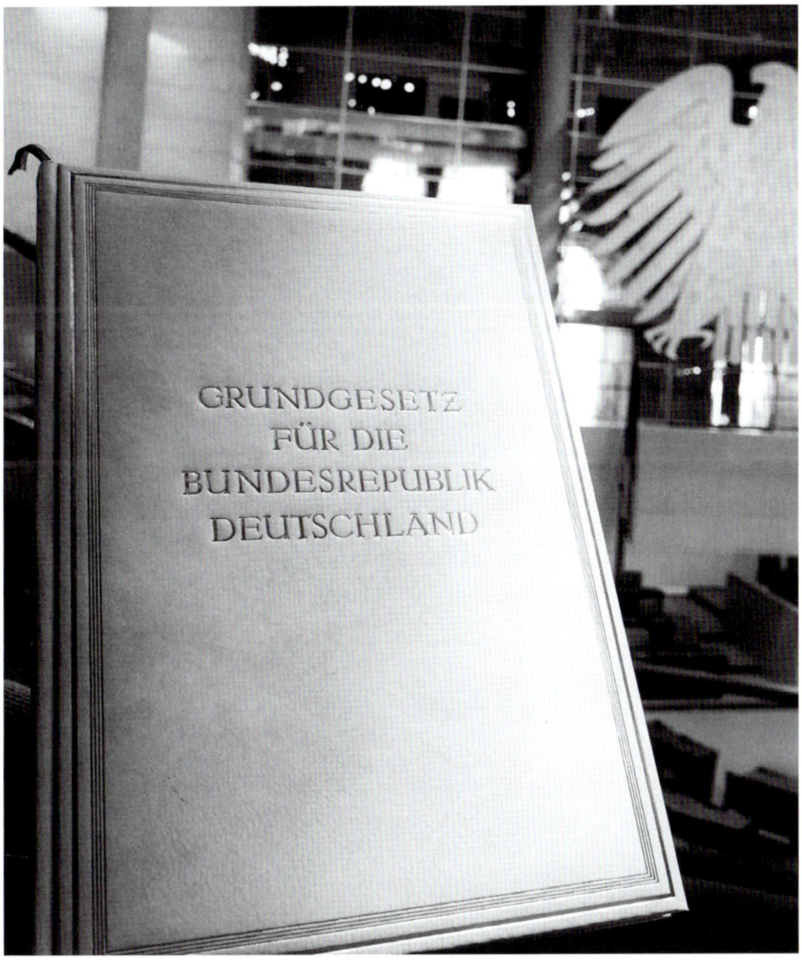

Michael Brand über die Menschen-Rechte

in Leichter Sprache

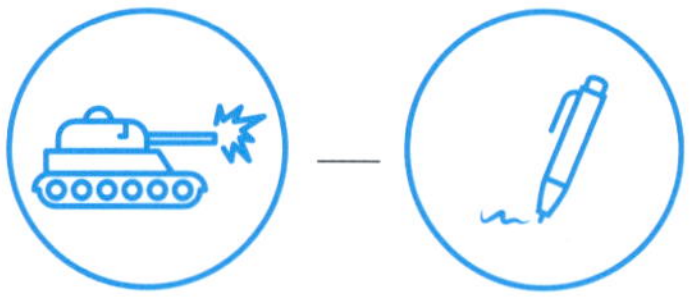

Liebe Leserin, lieber Leser,
im letzten Jahrhundert gab es 2 große Welt-Kriege. In diesen Kriegen haben viele Menschen Leid erfahren.
Nach dem Ende der Kriege haben viele Länder auf der Welt gemeinsam beschlossen: So etwas soll nie wieder passieren. Die Länder haben festgelegt, welche Rechte die Menschen auf der Welt haben. Und wie Menschen mit anderen Menschen umgehen sollen.
Diese Rechte wurden in einem Text aufgeschrieben. Der Text hat den Namen: Die Allgemeine Erklärung der Menschen-Rechte.

Es war wichtig, diese Menschen-Rechte aufzuschreiben. Seitdem wissen alle Menschen genau, welche Menschen-Rechte es gibt. Und jeder kann verlangen, dass sie eingehalten werden.

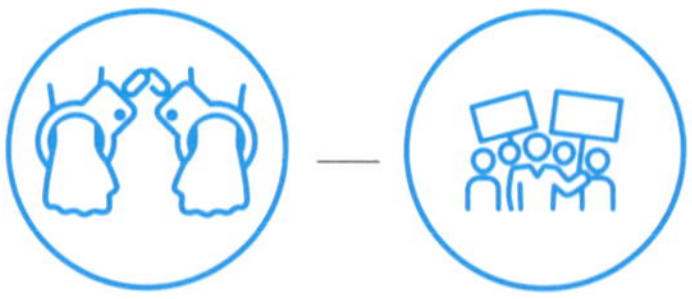

In manchen Ländern behandeln die Regierungen ihre Bürger schlecht.
Das bedeutet zum Beispiel:

- Die Menschen haben dort keine Freiheit.
- Sie dürfen nicht die Politiker wählen, die sie wählen wollen.
- Die Politiker bestimmen sehr stark über das Leben der Menschen.
- Die Menschen dürfen ihre Meinung nicht sagen.

* Erklärung zur Entstehung des Textes in leichter Sprache: siehe Seite 101.

In diesen Ländern werden die Menschen-Rechte kaum eingehalten. Trotzdem sind sie auch für diese Länder wichtig. Denn auch dort können die Menschen immer wieder ihre Rechte verlangen. Dadurch wird ihre Situation zumindest ein bisschen besser.

In Deutschland leben wir in einem freien Land. Die Menschen-Rechte werden hier eingehalten. Uns allen muss immer klar sein: Das ist etwas Besonderes.

Alle Länder auf der Welt müssen sich fragen: Wie gehen wir mit den Menschen-Rechten um? Denn der Umgang mit den Menschen-Rechten ist auch wichtig für viele andere Bereiche. Für den Frieden auf der Welt. Für die Frage, wie wir mit Menschen umgehen, die aus ihren Heimat-Ländern flüchten. Dafür, dass alle Menschen genug Geld zum Leben haben.

In der Allgemeinen Erklärung der Menschen-Rechte steht:
Die Menschen-Rechte gelten für alle Menschen. Das bedeutet: Auch Menschen, die anders als man selbst sind, haben diese Rechte.
Sie gelten immer und überall.

LEICHTE SPRACHE

EIN TÜRÖFFNER ZUR WELT DER INFORMATIONEN

So wie die Rampe dem Rollstuhlfahrer den Zugang zu einem Gebäude ermöglicht, so soll die Leichte Sprache ihrer Zielgruppe den Zugang zu Informationen erleichtern.

LEICHTE SPRACHE: EINE BESONDERE VARIANTE DES DEUTSCHEN

Leichte Sprache ist eine spezielle Variante des Deutschen, die aus der Behindertenhilfe heraus entstanden ist. Sie richtet sich an Menschen mit kognitiven Einschränkungen und ist ein Instrument der Barrierefreiheit: So wie die Rampe dem Rollstuhlfahrer den Zugang zu einem Gebäude ermöglicht, so soll die Leichte Sprache ihrer Zielgruppe den Zugang zu Informationen erleichtern. Dazu werden beim Schreiben und beim Layout verschiedene Regeln beachtet: kurze Sätze, kurze Worte, wenige Passiv-, Genitiv- und Konjunktivkonstruktionen, große Schrift, starke Kontraste und vieles andere.

DAS NACHRICHTENWERK: BÜRO FÜR LEICHTE SPRACHE

Das NachrichtenWerk ist eine Redaktion für Leichte Sprache und gehört zu antonius – Netzwerk Mensch aus dem osthessischen Fulda. Im NachrichtenWerk entstehen Übersetzungen von regulärem Deutsch in Leichte Sprache ebenso wie neue Texte, so zum Beispiel die Beilage „leicht erklärt!“ der Bundestagszeitung „Das Parlament“.

So wie in der Leichten Sprache üblich arbeiten beim NachrichtenWerk die Autoren mit sogenannten Prüfern zusammen, also mit Menschen, die zur Zielgruppe der Leichten Sprache gehören.

Nachrichten Werk

www.nachrichtenwerk.de

KURZPORTRAIT

ANTONIUS – NETZWERK MENSCH

Jeder Mensch hat das Recht auf ein Umfeld, in dem seine Persönlichkeit akzeptiert wird. Jeder Mensch hat die Freiheit, über sein Leben selbst zu bestimmen.

ANTONIUS – NETZWERK MENSCH: WEIL JEDER ANDERS IST

antonius – Netzwerk Mensch engagiert sich als Stiftung seit dem Jahr 1904 nachhaltig für bessere Start- und Lebensbedingungen von Menschen mit Behinderungen. Um jedem Menschen die Möglichkeit zu geben, möglichst selbstständig zu leben, entwickelt antonius innovative Projekte in allen Bereichen des Lebens; dazu gehören neben dem Wohnen, dem Arbeiten und der Freizeit auch die Frühförderung und Bildung.

Bei antonius leben Menschen in unterschiedlichen Wohnformen auf dem Hauptgelände, in der Stadt und im Landkreis Fulda. Das Netzwerk bietet Arbeits- und Ausbildungsplätze für Menschen mit und ohne Behinderungen in den unterschiedlichsten Berufsfeldern und ist einer der größten Arbeitgeber der Region Fulda. In einer Kita und verschiedenen Schulen werden Kinder und Jugendliche bis zum Ausbildungsabschluss begleitet.

Ehrenamtliche, junge Menschen im Freiwilligendienst und Praktikanten engagieren sich bei antonius. Das Netzwerk wird von bürgerlichem Engagement getragen – es ist wirtschaftlich und politisch unabhängig sowie konfessionell und parteipolitisch ungebunden.

antonius
Netzwerk Mensch